L'ORIGINE DU PARADOXE
SUR LE COMÉDIEN

DU MEME AUTEUR

Aux éditions VRIN

Physique de l'Etat (Examen du «Corps Politique» de Hobbes), 1978.
Evolutionnisme et Linguistique, 1980.

Chez d'autres éditeurs

Warburton, Essai sur les hiéroglyphes des Egyptiens, Aubier-Flamma-
rion, 1978.
Sciences humaines et philosophie en Afrique, Hatier, 1978.
L'Ordre et les Monstres, éditions du Sycomore, 1980.

PATRICK TORT

———

L'ORIGINE

DU

PARADOXE

SUR LE COMÉDIEN

La partition intérieure

Seconde édition

PARIS
LIBRAIRIE PHILOSOPHIQUE J. VRIN
6, Place de la Sorbonne, Ve

———

1980

PREFACE A LA SECONDE EDITION

Le présent ouvrage, à l'exception des dernières pages ajoutées en annexe, est la reprise d'un travail qui a constitué, en 1976, un numéro spécial (janvier - mars) de la «Revue d'Histoire du Théâtre» sous le titre «La Partition intérieure». Que la Société d'Histoire du Théâtre, et particulièrement sa Secrétaire Générale, Mademoiselle Rose-Marie Moudouès, trouvent ici, pour nous avoir autorisé à reproduire ces pages en vue de l'actuelle publication, l'expression de notre extrême reconnaissance.

Par ailleurs, nous avons jugé indispensable, afin de mieux satisfaire à l'exigence de complétude documentaire, d'annexer à ce travail nos réflexions sur un article important de Jacques Chouillet, intitulé «Une source anglaise du Paradoxe sur le comédien», paru dans le numéro de 1970 de la Revue «Dix-huitième siècle», et dont nous n'avons eu connaissance qu'après l'achèvement de notre propre étude. Nous ne pouvons mieux faire ici qu'y renvoyer le lecteur désireux de revenir sur la question, jamais entièrement éclaircie, de l'ascendance complexe du «Paradoxe».

Juin 1979

I. Document :
généalogie du « Paradoxe »

A mesurer rétrospectivement la diversité de ses buts et de ses incidences, le projet qui nous conduit à évoquer ici deux ouvrages qui pour la première fois au XVIIIe siècle abordent *polémiquement* une *théorie de la pratique théâtrale* ne saurait être complètement assimilé à celui d'une contribution de détail à l'histoire littéraire.

Bien loin que ce fût, au lieu même où devait être déterminée l'*origine* du *Paradoxe sur le comédien*, la béance abandonnée, en définitive, par le discours historien, qui nous ait incité à l'obturer d'un certain *savoir*, ce savoir s'est déduit d'une démarche où l'*histoire* s'est tenue, comme pouvoir ultime de *vérification*, aux confins d'une analyse du discours esthétique apte par elle-même à produire *formellement* les conditions d'émergence de ce savoir.

L'histoire, méthodologiquement seconde, dont ces pages ont aussi pour fonction de repenser l'instance par rapport à la génération d'un *texte*, retrouvera ici, *formellement* encore — mais cette fois, pour la seule commodité de l'exposé — quelque chose de l'étrange *pré-liminarité* qu'une pratique traditionnelle de l'interprétation des œuvres consent à lui reconnaître.

Il sera donc question, d'emblée, de l'affrontement de deux thèses, et de deux textes :

Le Comédien,	*L'Art du théâtre,*
ouvrage divisé en deux parties,	à Madame xxx,
par M. Rémond de Sainte-Albine,	par François Riccoboni,
chez Desaint et Saillant, 1747.	chez Simon Fils et Giffart Fils, 1750.

Entre ces deux ouvrages se joue très exactement l'anticipation de la structure polémique qui informera vingt ans plus tard l'inscription des thèses du *Paradoxe*.

Aussi bien pourrait-il s'agir là d'interroger en dernier ressort la *réfraction* qui semble avoir lieu entre ce que nous nommerons — sans toutefois accepter d'assumer la charge d'une métaphore linguistique non systématisable pour de tels objets — la *structure superficielle* (telle qu'elle apparaît linéairement enregistrée par une certaine *histoire des idées*) et la *structure profonde* (telle qu'elle peut être mise en lumière par une certaine *archéologie*) des faits de discours.

En vertu d'une telle *réfraction*, les solutions de continuité manifestes (au niveau de la structure superficielle) se trouveront souvent *décalées* par rapport aux ruptures inscrites dans la structure profonde, de sorte que l'analyse devra compter avec cet écart, voire en rendre raison — l'*histoire*, ici, à la supposer jusque-là au dehors, vient éclairer la scène.

Si donc on s'accorde à reconnaître empiriquement que dans le champ du discours une rupture est souvent latente avant d'être manifeste, il sera aisé de comprendre l'intérêt porté ici-même à une polémique laissée dans l'ombre par l'histoire littéraire, et dont est né un paradoxe justement célèbre.

Aussi, à travers la lecture que nous proposons plus loin de ces deux textes dont l'irruption contemporaine et l'aspect polémique n'ont guère suscité jusqu'ici qu'une curiosité non critique, notre visée majeure sera-t-elle d'enregistrer et de comprendre la portée de cette *première manifestation théorique* d'une opposition qui, révélée ailleurs par d'assez nombreux signes, indiquait une *rupture* et un *renversement* tant à l'intérieur de la conception générale de la sensibilité qu'au niveau du métalangage esthétique, et devait amener Diderot, quelque vingt ans après, à entreprendre la rédaction du *Paradoxe*.

Il faudra pour cela rendre proprement translucides bon nombre de cloisonnements interdiscursifs qui ont jusqu'ici empêché que ne soit réellement perçu, dans ses multiples dimensions historiques et philosophiques, le lien qui rapporte les phénomènes esthétiques qui sont ici notre objet à l'opération concrète et progressive de leur apparition.

C'est ainsi par exemple qu'il nous sera donné d'apprécier la liaison d'un nouveau type de réflexion sur le théâtre en France, et de l'occurrence de certains événements qui, sur une autre scène, — notamment et surtout dans l'Angleterre des années 1700 —, ont pu mettre en place les conditions d'une redéfinition philosophique complète de la notion de *jeu*. Il apparaîtra que cette notion, telle qu'elle se trouve identifiée par Diderot, et avant lui, d'une manière sensiblement approchante, par François Riccoboni, n'a pu se construire qu'au croisement de discours — esthétiques, philosophiques, politiques,... — distincts quant à leurs destinations singulières, mais dont le lieu momentané de convergence fut l'espace de la *scène* comme cadre et support de l'illusion de vérité, lieu d'un *pouvoir* qui se déporte et se dérobe à sa clôture conventionnelle, et qui excédant les limites instituées de son *cadre*, s'avère capable de produire de tout autres effets que cathartiques...

8

LE COMEDIEN.

OUVRAGE
DIVISÉ EN DEUX PARTIES.

Par M. REMOND DE SAINTE ALBINE.

A PARIS,

Chez DESAINT & SAILLANT, rue
Saint Jean de Beauvais.

Et VINCENT Fils, rue Saint Severin.

___

M. DCC. XLVII.

Avec Approbation & Privilege du Roy.

D'un point de vue dès lors élargi à une multiplicité de déterminations convergentes, il sera plus aisé d'apercevoir comment, longtemps avant que ne fût même conçu le projet du *Paradoxe*, la réflexion sur l'activité dramatique et la sensibilité au théâtre avait déjà présenté les marques d'une distorsion que Diderot renfermera dans les limites d'un seul livre, en prenant apparemment le soin de recouvrir, d'une façon qui pourrait *a priori* sembler à plus d'un suspecte, les traces de son ancienne dimension polémique :

> Au reste, la question que j'approfondis a été autrefois entamée entre un médiocre littérateur, Rémond de Saint-Albine, et un grand comédien, Riccoboni. Le littérateur plaidait la cause de la sensibilité, le comédien plaidait la mienne. *C'est une anecdote que j'ignorais et que je viens d'apprendre* (1). (Nous soulignons).

S'il est ici traité du *Paradoxe sur le comédien*, ce sera donc, dans un premier temps, en vue d'éclairer, à son sujet, la question de l'origine.

LE COMÉDIEN

Le Comédien, ouvrage divisé en deux parties, de Pierre Rémond de Sainte-Albine (2), vit le jour dans sa version intégrale vers le milieu du mois de novembre de l'année 1747 (3). Sa parution était attendue depuis que le *Mercure de France*, deux ans auparavant, en avait publié sous forme d'articles des fragments qui furent remaniés ensuite pour la première édition.

Le livre est présenté par son auteur comme l'inauguration du discours théorique en matière d'art dramatique (*Préface*, pp. 3, 4, 5). Cette prétention novatrice est d'ailleurs corroborée par la

---

(1) *Paradoxe sur le comédien*, p. 365 de l'édition Vernière des *Œuvres esthétiques*. M. Vernière, ici même, commet une légère erreur de datation, en donnant l'année 1752 comme celle de la publication de *L'Art du théâtre*.
(2) *Mercure de France*, novembre 1747, pp. 99-100 : « M. Rémond de Sainte-Albine, déjà connu avantageusement dans la littérature par ses productions et par ses connaissances dans les sciences et dans les belles lettres, est l'auteur de ce livre. »
Cf. également les *Nouvelles littéraires*, année 1747, tome I, pp. 112-113 de l'édition Tourneux (1877), où l'on trouve ce portrait insolite de Rémond de Sainte-Albine par l'abbé Raynal : « M. Rémond est l'auteur de la Gazette de France ; c'est un homme fort suffisant, et qui va dans les sociétés pour y juger, comme les autres s'y rendent pour plaire. Il parle avec une lenteur qui le rendrait insupportable à des gens moins vifs que des Français. M. de Maurepas dit de lui que, quand il a commencé une phrase aux Tuileries, il est au Pont-Neuf avant que de l'avoir finie. Ce sont deux endroits éloignés d'environ trois cents pas l'un de l'autre. Quelqu'un disait à Maupertuis que Rémond disait les choses aussi bien qu'on peut les dire après y avoir rêvé un quart d'heure : « Il est vrai, dit-il, mais il est plus d'un quart d'heure à les dire. »
(3) *Mercure de France*, nov. 1747, *additif* après la *Table*.

plupart des comptes rendus de l'époque, parmi lesquels celui de l'abbé   Raynal :

> C'est un sujet vierge, sur lequel il est étonnant que personne ne se soit jamais exercé. (4)

Et celui du *Journal de Trévoux :*

> Il est question de la pratique du théâtre, en ce qui regarde l'action, ou, si l'on veut, la représentation. L'abbé d'Aubignac donnant des règles pour le genre dramatique, disait qu'il n'avait en vue que le poète, et *non les histrions.* C'est ici le contraire : on ne touche point à la composition des pièces de théâtre, on ne prétend parler que des acteurs ; c'est-à-dire des talents qui leur sont nécessaires, et des attentions capables de perfectionner leur art (5).

De fait, si la rédaction d'un traité sur l'art de la représentation dramatique est bien — quant à l'accession de son objet à la spécificité d'un thème de réflexion « philosophique » (*Préface*) — une singularité novatrice, l'analyse qu'il produit du *talent* de l'acteur, effectuant un partage systématique, une rigoureuse séparation d'instances entre « les principaux avantages que les comédiens doivent tenir de la nature » et « les secours que les comédiens doivent emprunter de l'art », ne modifie en rien le profil du discours esthétique le plus normatif et le plus traditionnel.

L'ouvrage fut réédité deux ans plus tard, en 1749 (6).

Une troisième et dernière version intégrale du *Comédien* sera publiée en 1825, dans le volume des *Mémoires de Molé* (7).

Auparavant, en 1764, Jean Nicolas Servandoni, dit d'Hannetaire, acteur et directeur de spectacles à Bruxelles, en avait retranscrit, pour les commenter, de nombreux fragments dans ses *Observations sur l'art du comédien,* rééditées en 1774 (8), année au cours de laquelle sa fille se voyait adresser par le Prince de Ligne une série de réflexions critiques faites à l'occasion de la lecture du *Comédien,* sous le titre de *Lettres à Eugénie.*

L'ART DU THEATRE

C'est en 1750, c'est-à-dire au cours de l'année qui suivit celle

---

(4) *Nouvelles littéraires,* éd. cit., 1747, p. 112.
(5) *Journal de Trévoux,* février 1749, p. 266. (Aucun compte rendu n'y avait été fait de la première édition).
(6) *Le Comédien, ouvrage divisé en deux parties,* par M. Rémond de Sainte-Albine, chez Desaint et Saillant, et Vincent Fils. *Edition augmentée et corrigée.* (Il s'agit là d'un simple artifice d'édition, le texte ne révélant, par rapport à celui de 1747, le moindre ajout ni la moindre correction.)
(7) *Mémoires de Molé,* précédés d'une notice sur cet acteur, par M. Etienne, et suivis du *Comédien,* de Rémond de Sainte-Albine. 1825.
(8) *Observations sur l'art du comédien et sur d'autres objets concernant cette profession en général...* ouvrage destiné à de jeunes acteurs et actrices. 2e éd. 1774.

11

de la seconde édition du *Comédien*, que parut *L'Art du théâtre* de Riccoboni.

Notons dès à présent, afin d'éviter que se renouvellent des confusions qui naquirent au XVIIIe siècle, qu'il s'agissait non pas du célèbre comédien Luigi Riccoboni — dit Lelio —, auteur notamment des *Pensées sur la déclamation* (1738) et de la *Réformation du théâtre* (1743), mais de *son fils* Antoine François Riccoboni, lui aussi comédien, et qui en outre avait hérité du nom de théâtre de son père. Toute méprise ici serait d'autant plus inopportune que les thèses de ces deux comédiens — qui furent aussi, chacun à sa façon, deux théoriciens du théâtre — sont absolument inverses sur la question qui fait le fond de la polémique avec Rémond, comme aussi du *Paradoxe* : celle de la *participation émotionnelle* dans le jeu dramatique.

En effet, François Riccoboni écrivant *L'Art du théâtre* s'oppose tout autant à son père — quoique présentant son propre ouvrage comme un prélude à la lecture des *Pensées sur la déclamation* — qu'à Rémond : on se trouve ainsi en présence d'un premier *redoublement* du rapport polémique principal (François Riccoboni/ Rémond de Sainte-Albine), redoublement qui, s'ajoutant contradictoirement à l'identité patronymique, aura permis de se maintenir à la plupart de ces quiproquos historiques dont l'examen pourra être, en son lieu, éclairant à de multiples égards.

L'ouvrage de F. Riccoboni connut peu de succès auprès de cette même presse littéraire qui avait accueilli avec éloge le livre de Rémond. Outre le préjudice lié à sa profession de comédien, la technicité dépouillée de ses conseils et surtout l'antériorité du texte de Rémond — alors rédacteur en chef du *Mercure* — devaient donner lieu à bon nombre de critiques qui semblent n'être souvent que de pures dénégations aprioriques (9). Ainsi par exemple les *Observations* de l'abbé de la Porte :

> Je n'examinerai point pourquoi M. Riccoboni nous a donné *L'Art du théâtre*, malgré tout ce que M. Rémond de Sainte-Albine avait dit avant lui sur le même sujet...
> L'acteur italien semble insinuer d'abord, que ce qui l'a déterminé à faire paraître son ouvrage, c'est qu'avant lui, « personne ne s'était encore donné la peine d'écrire les vrais principes de son art ; que les comédiens eux-mêmes étaient obligés de passer la vie à développer chez eux, à force de pratique, des règles qu'il aurait fallu savoir avant que de commencer. »
> En vérité il est bien étonnant que la première édition du livre de M. Rémond ait été entièrement épuisée, sans que ceux pour qui il avait été fait principalement, aient jamais eu la facilité de le lire ! Que dis-je ? Sans qu'ils aient su seulement que l'auteur *s'était donné la peine d'écrire les vrais principes de leur art*. C'est pour les tirer de leur ignorance, que je leur apprends aujourd'hui, qu'avant M. Riccoboni, M. Rémond avait déjà fait un excellent traité de l'art du théâtre intitulé *Le Comédien*, dont on vient de donner une seconde édition beaucoup plus parfaite que la première (10). M. Riccoboni assurément ne

---

(9) Il leur répond dans la *Lettre* publiée à la suite de *L'Art du théâtre*.
(10) Comme on l'a vu plus haut (note), il n'en est rien.

L'ART
DU
THEÂTRE,
A MADAME ***

Par FRANÇOIS RICCOBONI.

A PARIS,

Chez {
C. F. SIMON, Fils, Imprimeur de la REINE & de l'Archevêché :

&

GIFFART, Fils, Libraire, rue S. Jacques, à Sainte Therese.
}

M. DCC. L.

Avec Approbation & Privilege du Roi.

l'ignorait pas, puisqu'il le critique dans quelques endroits de son ouvrage. Pourquoi donc veut-il nous faire entendre que personne avant
lui n'avait travaillé sur cette matière ? Est-ce parce que le livre de M.
Rémond ne porte pas le même titre que le sien (11) ?

Toutefois, l'offensive polémique du texte de Riccoboni, tournée essentiellement vers le réexamen, à la scène, des effets de la
sensibilité du comédien, est immédiatement signalée : « L'article
qui concerne l'expression pourrait nous arrêter longtemps : *on
appelle expression*, dit notre auteur, *l'adresse par laquelle on fait
sentir aux spectateurs tous les mouvements dont on veut paraître
animé*. Remarquons ces derniers mots : car M. Riccoboni ne croit
pas que l'acteur doive être véritablement pénétré des sentiments
qu'il veut inspirer. Il juge que si la tendresse, la fureur, la compassion étaient réelles dans l'âme de celui qui représente, il ne pourrait
jamais remplir toutes les situations qu'exige son rôle ; étant impossible qu'un seul homme passe sur-le-champ des accès de la
colère par exemple, à toutes les douceurs de la tendresse, etc. Il
faudrait lire tout ce morceau qui aura ses adversaires, quoiqu'il
ait aussi sa vérité. Selon ces principes, le mot d'Horace *si vis me
flere dolendum est primum ipse tibi*, devrait être expliqué d'une
douleur simulée, imitée, mais ayant tous les symptômes d'une
douleur véritable ; il faudrait aussi ne pas prendre à la lettre l'instruction de Quintilien (1. I, 6 c. II), qui veut que, pour bien représenter les passions d'autrui, nous nous revêtions de leur intérieur,
que nous soyons animés des mêmes sentiments ; et voilà justement
ce qui attirera des objections à notre auteur (12). »

Renversant les normes classiques d'une *mimésis* qui requiert
comme la condition même de sa réussite l'investissement profond
du sujet, et pour laquelle l'*expression* est par excellence l'acte où
le corps obéit à la dictée des passions, Riccoboni brise la règle de
l'*enthousiasme*.

De l'aimantation platonicienne à l'osmose horacienne, cette
métaphysique de l'expression avait su s'adjoindre une imagerie
physique constituée en un corpus d'illustrations analogiques de la
parole enthousiaste comme *flux* unidirectionnel. Ces métaphores,
qui alimentaient depuis la plus lointaine antiquité chaque réflexion
sur les instances présidant à la création, à l'expression et à la
communication esthétiques, s'éteindront chez Riccoboni, comme
elles seront désarticulées vingt ans après lorsque Diderot, en
deux livraisons successives à la *Correspondance* de Grimm, donnera
la première ébauche du *Paradoxe*, sous la forme d'un assez bref
commentaire polémique de la brochure de Sticotti (13).

_____

(11) *Observations sur la littérature moderne*, 1750, pp. 232-234.
(12) *Journal de Trévoux*, février 1750, pp. 523-524.
(13) *Correspondance littéraire*, octobre et novembre 1770, pp. 134-141, et
149-157 : *Observations de M. Diderot sur une brochure intitulée Garrick, ou les acteurs
anglais ; ouvrage contenant des réflexions sur l'art dramatique, sur l'art de la représentation, et le jeu des acteurs ; avec des notes historiques et critiques sur les différents
théâtres de Londres et de Paris ; traduit de l'anglais.*

La même rupture intervient ainsi :

1. simultanément
   — entre François Riccoboni et Luigi Riccoboni ;
   — entre François Riccoboni et Rémond ;

2. 20 ans après
   — entre Diderot et Antonio Fabio Sticotti.

Soit le schéma daté de cette répétition :

François Riccoboni, *L'Art du théâtre* 1750		Diderot, *Paradoxe* 1770

1738 Luigi Riccoboni, *Pensées sur la déclamation*	1747-1749 Rémond de Sainte-Albine, *Le Comédien* (première et seconde éditions)	1769 A. F. Sticcotti, *Garrick ou les acteurs anglais*

On ne peut manquer de s'interroger sur le sens « caché » de ce redoublement, ni de se demander, conformément à la coutume de l'érudition la plus soupçonneuse, si, par exemple, Diderot, en dépit de ses assertions, n'aurait pas eu de la polémique Riccoboni/ Rémond une connaissance plus précise qu'il ne le prétend, laquelle aurait pu influencer directement le contenu, voire l'énoncé des thèses du *Paradoxe sur le comédien.*

Il convient d'abord de ne pas oublier que si Diderot affirme, dans toutes les versions successives du *Paradoxe*, qu'il s'agit là d'*une anecdote qu'il ignorait et qu'il vient d'apprendre*, cette déclaration remonte à 1769, et figurait déjà sous cette forme dans les *Observations* qu'il donnait au mois de novembre de cette année à la *Correspondance littéraire* :

> Au reste, la question que j'approfondis a été autrefois entamée entre un médiocre littérateur, Rémond de Sainte-Albine, et un grand comédien, Riccoboni : le littérateur était pour la sensibilité, et le comédien était contre ; c'est une anecdote que j'ignorais et que je viens d'apprendre : vous pouvez comparer leurs idées avec les miennes.

Dans les diverses rédactions ultérieures du *Paradoxe*, se trouve reproduit, avec d'infimes variantes, l'essentiel de ce passage, *à l'exception toutefois du dernier tronçon* (« vous pouvez comparer leurs idées avec les miennes. »)

15

S'agissait-il pour Diderot d'éviter une confrontation qui eût risqué de nuire à l'originalité du débat qu'il mettait en scène, et jusqu'à celle de ses propres positions théoriques ? Il se peut, mais il semblerait plutôt que ce fût afin d'éviter un rapprochement hasardeux, qu'il avait pu suggérer à partir d'une connaissance vague qu'il n'eut sans doute ni le temps ni l'intérêt d'approfondir (14).

Un second indice nous porte toutefois à penser que Diderot avait au moins feuilleté *L'Art du théâtre* : c'est l'usage qu'il fait, de pair avec Riccoboni, d'une anecdote de Plutarque sur l'acteur tragique Esope ; mais la comparaison des deux textes montre à l'évidence que les conclusions tirées de part et d'autre sont loin d'être semblables :

> Un fameux acteur tragique nommé Esope, jouait un jour les fureurs d'Oreste ; dans le moment qu'il avait l'épée à la main, un esclave destiné au service du théâtre vint à traverser la scène et se trouva malheureusement à sa rencontre. Esope ne balança pas un instant à le tuer. Voilà un homme, à ce qu'il paraît, pénétré de son rôle. M. Riccoboni résoud la difficulté en faisant voir qu'Esope ne tua qu'un esclave dont la vie était regardée comme rien, mais qu'il respecta les acteurs avec lesquels il jouait : preuve que sa fureur n'était pas extrême et qu'elle « lui laissait toute la liberté du choix » (15).

Voici, plus fidèlement retranscrite de Plutarque par Diderot, la même anecdote :

> Plutarque rapporte que... (Aesopus) « jouant un jour en plein théâtre le rôle d'Atreus délibérant en lui-même comment il se pourra venger de son frère Thyestès, il y eut d'aventure quelqu'un de ses serviteurs qui voulut soudain passer en courant devant lui, et que lui, Aesopus, étant hors de lui-même pour l'affection véhémente et pour l'ardeur qu'il avait de représenter au vif la passion furieuse du roi Atreus, lui donna sur la tête un tel coup du sceptre qu'il tenait en sa main qu'il le tua sur la place. » C'était un fou que le tribun devait envoyer sur-le-champ au mont Tarpéien (16).

En revanche, des éléments d'une plus grande portée démonstrative conduisent à penser que Diderot n'a pas *lu*, *à la lettre* (on comprendra plus loin le sens de cette précision), les écrits de Rémond et de Riccoboni.

L'un de ces éléments, c'est une note ajoutée par Grimm après le nom *Riccoboni* dans le passage cité plus haut de l'article de 1770. Voici cette note :

Auteur de la *Réformation du théâtre*, 1743, in 12.

---

(14) On remarquera toutefois pour l'exactitude que les reproductions successives du *Paradoxe* ont correctement orthographié le nom de Rémond de Sainte-Albine. Ce n'est que dans l'édition Assézat que l'on rencontre la première faute, qui sera reproduite par les éditeurs modernes (le *e* de *Sainte* est omis.)

(15) *Journal de Trévoux*, février 1750, pp. 524-525.

(16) *Paradoxe sur le comédien*, p. 380. Cette pagination renvoie, ici et dans la suite, au texte de l'édition Vernière (Garnier, 1968).

La confusion est évidente : Grimm songe ici à Riccoboni *le père*, ce qui explique que soit développé un commentaire *totalement erroné* au début de la note suivante, note que Diderot a largement exploitée dans le *Paradoxe* (17), sans avoir nulle part relevé, pour la corriger, l'erreur qu'elle comportait — ce qui laisse croire qu'il n'était pas en mesure de le faire, et permet de penser que n'ayant pas aperçu la faute de Grimm, Diderot n'avait pas, à cette époque, une idée très précise des divergences théoriques de Luigi et de François. Voici le début de cette seconde note de Grimm :

> Je ne sais si Riccoboni était aussi grand acteur que son adversaire Rémond de Sainte-Albine était médiocre littérateur ; mais je me rappelle qu'*ils ont écrit tous deux des choses fort communes sur cette question.* (18) (Nous soulignons).

Il est du reste assez clair que la qualification de « grand comédien » ne pouvait renvoyer qu'à la notoriété de Luigi Riccoboni, plus ancienne et plus considérable sous ce rapport que celle de son fils.

Il y a donc peu de chances que Diderot ait *lu*, au sens étroit, les textes de François Riccoboni et de Rémond de Sainte-Albine. Mais il demeure que si l'on s'en tient à rechercher l'origine du *Paradoxe* parmi les faits de l'histoire littéraire, *ce sont effectivement ces deux textes et leur articulation polémique qui constituent l'acte de naissance de l'ouvrage de Diderot.*

L'explication en est, du reste, relativement simple.

Commentant en 1769 le fameux texte de Sticotti, *Diderot ne fait en réalité rien d'autre que répondre indirectement à Rémond de Sainte-Albine*, puisque la brochure intitulée *Garrick ou les acteurs anglais* n'était en fait qu'un *plagiat* assez maladroitement déguisé du *Comédien* (19).

Cet ouvrage, porteur de la mention *traduit de l'anglais*, présente un certain nombre de caractéristiques qui ne laissent subsister aucun doute quant à la duplicité de cette prétention : la figure de Garrick apparaissant souvent à titre purement emblématique, il y est fréquemment question des acteurs du théâtre français. Il

---

(17) Voici, dans cette note, le passage dont Diderot s'est servi, en le modifiant, comme on sait, dans le sens d'une restitution plus franche de l'anecdote réelle : « Quant au philosophe, il n'aurait pas encore fini s'il avait su le fait que je vais rapporter ici. C'est que Mlle Arnould, cette Sophie si touchante au théâtre, si folle à souper, si redoutable dans la coulisse par ses épigrammes, emploie ordinairement les moments les plus pathétiques, les moments où elle fait pleurer ou frémir toute la salle, à dire tout bas des folies aux acteurs qui se trouvent avec elle en scène ; et lorsqu'il lui arrive de tomber gémissante, évanouie, entre les bras d'un amant au désespoir, et tandis que le parterre crie et s'extasie, elle ne manque de dire au héros qui la tient : *Ah ! mon cher Pillot, que tu es laid !* Quel parti notre philosophe aurait tiré de cette anecdote ! »
(Grimm, *Correspondance littéraire*, p. 156.)
(18) *Ibid.*, au début.
(19) Pour être tout à fait exact, on dira que s'il y est fait quelques emprunts à Riccoboni, ceux-ci sont de toute façon beaucoup plus rares et fragmentaires, et de ce fait ne retirent rien à la prédominance des thèses de Rémond.

est peu probable, comme on pourrait encore le supposer, que l'hypothétique traducteur ait tenté de trouver à chaque acteur anglais un homologue sur la scène française, tel qu'il pût être revêtu des mêmes particularités de jeu et de maintien. Sans nier donc que l'auteur ait effectivement séjourné aux théâtres de Drury Lane et de Coven Garden, on ne reconnaîtra pourtant dans son livre qu'une paraphrase quasi constante du texte de Rémond.

D'autre part, et comme pour corroborer ce qui était une évidence dès la lecture de la table des chapitres, Sticotti nous renseigne indirectement — d'une manière trop résolument vague pour que l'on n'y prenne garde aussitôt —, sur ses sources, qu'il prend soin de dissimuler *en ne citant que les initiales des noms propres, les ayant préalablement inversées* :

> Deux comédiens célèbres, qui ont écrit en grands maîtres de l'art du théâtre, sont de sentiments contraires sur un point assez important : il s'agit du don de verser des larmes. M.R.L. *(comprenons Riccoboni Luigi)* convient qu'elles mettent le comble à l'imitation parfaite, et M.R.F. *(Riccoboni François)* croit qu'elles doivent la détruire. Selon lui, « s'il tombe une seule larme de vos yeux, des sanglots involontaires vous embarrasseront le gosier, il vous sera impossible de proférer un seul mot sans des hoquets ridicules. » Cette observation fine, et généralement vraie pour la plupart des comédiens, paraît moins forte pour le grand acteur, qui sait, dans le désordre même de ses sens, diriger ses organes sans sortir de la nature, ou la masquer. On sentira combien la chose est possible, si l'on se rappelle qu'on voit souvent des personnes dans le plus grand désespoir, se plaindre à demi-voix par égard pour quelqu'un, sans en être moins affligées : ce grand effort, que l'on fait sur soi-même dans l'exacte réalité, prouve que l'acteur peut donc aussi, sans cesser d'être forcement affecté, conduire sa voix dans tous les tons de la belle nature, même en répandant des larmes. Dufrêne, la Gaussin, Mademoiselle Q. jouant la sœur du Glorieux, versaient des pleurs ; notre âme reconnaissante se plaît encore à s'en retracer les charmes. On pourrait distinguer l'état de l'acteur véritablement pénétré, comme le suppose M.R.F. de l'état de l'acteur qui ne paraît que pénétré de ce qu'il dit, et conclure que dans le premier cas, il serait impossible de répandre des larmes sans grimacer : il faut convenir que M. R. appuie son opinion de preuves démonstratives, et d'une modestie qui persuade autant que la raison.

Ce n'est que dans l'*erratum* que Sticotti rétablira l'ordre des initiales, sans pour cela faire de mention plus précise ; l'artifice se découvre :

> Fautes à corriger : p. 148, note, ligne 5 : M.R.L. lisez M.L.R. lig. 7, M.R.F. lisez, M.F.R. lig. 32, même correction ; lig. 36, M.R. lisez, M.F.R.

Il apparaît clairement que Sticotti n'a pu ignorer — puisque c'est à *L'Art du théâtre* qu'il fait référence (sans le nommer) et que ce texte ne pouvait être connu dans la critique qu'à travers son opposition aux thèses du *Comédien* — ni la polémique entre les deux auteurs, ni le contenu du traité de Rémond. Par ailleurs, la précaution qu'il prend de détourner l'intérêt vers une polémique mineure — d'autant plus que *L'Art du théâtre a été composé douze ans après les Pensées sur la déclamation* —, ainsi que de masquer les noms des auteurs, est déjà suspecte en elle-même. Mais c'est évidemment la confrontation des textes qui rend le plagiat totalement indéniable.

Il est à présent possible d'établir, à l'aide d'un schéma simple, la représentation exacte de l'enchaînement des rapports polémiques, et par là même, de la généalogie du *Paradoxe*.

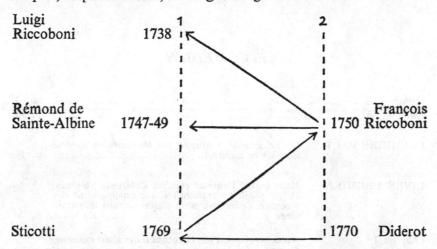

Luigi Riccoboni	1738	
Rémond de Sainte-Albine	1747-49	François 1750 Riccoboni
Sticotti	1769	1770 Diderot

(Les deux lignes verticales 1 et 2 représentent les deux thèses contraires sur la sensibilité, et les flèches, parcourues de bas en haut, figurent l'ensemble des rapports polémiques qui constituent l'ascendance du *Paradoxe*.)

On voit ainsi comment, à travers une série de médiations s'effaçant l'une l'autre, le *Paradoxe sur le comédien* a pu naître sans pouvoir rendre compte des avatars multiples auxquels il doit d'exister.

TABLEAU DES CORRESPONDANCES THÉMATIQUES

Nous tenterons ici de donner une image d'ensemble des similitudes et des correspondances qui apparaissent entre le texte de Rémond de Sainte-Albine — dont nous reproduisons la table des matières — et celui de Sticotti, qui opère, ainsi qu'on pourra le constater, une refonte et une redistribution très relatives des chapitres du *Comédien*. Nous avons numéroté les chapitres de l'ouvrage de l'acteur italien d'après leur ordre réel de succession, en les espaçant face aux chapitres qui leur ont donné naissance chez l'auteur français. Les chapitres 8 et 9 (*Des moyens de perfectionner la sensibilité naturelle*, et *De la sensibilité empruntée*) ne renvoient à aucun chapitre particulier du *Comédien*, mais en regroupent des fragments épars.

LE COMÉDIEN

GARRICK OU LES ACTEURS ANGLAIS

---

(1) Dans la *Table des sommaires* qui précède l'ouvrage, le terme de *vérité*, à l'intérieur de ces deux titres, est remplacé par celui de *variété*. La ressemblance avec *Le Comédien* était trop sensible, d'où ce camouflage..?

TEXTES

Rémond, p. 22

« Non seulement il est essentiel qu'il (l'acteur) ne fasse rien perdre aux discours de leur force ou de leur délicatesse, mais il faut qu'il leur prête toutes les grâces que la déclamation et l'action peuvent leur fournir. Il ne doit pas se contenter de suivre fidèlement son auteur : il faut qu'il l'aide, et qu'il le soutienne. Il faut qu'il devienne auteur lui-même ; qu'il sache non seulement exprimer toutes les finesses d'un rôle, mais encore en ajouter de nouvelles ; non seulement exécuter, mais créer. »

*
* *

Rémond, pp. 24-25

« Il est un coloris propre à la poésie, et qui, quoique fort différent de celui qu'emploie la peinture, est assujetti aux mêmes règles. On exige de l'une et de l'autre la même entente des teintes, le même discernement dans la distribution des clairs et des ombres, le même soin d'observer la dégradation de la lumière, le même talent d'éloigner ou de rapprocher les objets. Le comédien est peintre ainsi que le poète, et nous leur demandons comme au peintre, cette ingénieuse théorie des nuances, dont la docte imposture par une détonation insensible conduit nos yeux du premier plan du tableau au plan le plus reculé. De même que le peintre souvent nous fait voir un très grand pays dans un très petit espace, le poète quelquefois dans un très petit nombre de vers prête à ses acteurs une grande multitude d'impressions fort différentes. Mais l'un et l'autre s'appliquent à ne point nous représenter comme voisines les choses, entre lesquelles la nature a mis une extrême distance. Il est du devoir du comédien d'avoir la même attention, et de ménager habilement les passages par lesquels il fait succéder une passion à une passion contraire. »

*
* *

Rémond, pp. 28, 29, 30

« Selon les apparences, on ne reprochera point le défaut d'esprit à cet acteur (Molé), et rarement voit-on les excellents comiques être soupçonnés de n'en point avoir. Il n'en est pas de même des tragiques, et l'on ne peut disconvenir que plusieurs des plus célèbres n'aient été accusés d'en manquer.

Si l'on avait de l'esprit une idée plus saine, on ne leur aurait pas fait cette injustice. Ils avaient sans doute peu de cet esprit, qui dans certaines sociétés procure le plus de réputation, et qui en mérite le moins ; de cet esprit destiné pour la montre plutôt que pour l'usage, et qu'on peut comparer à ces arbres qui portent beaucoup de fleurs, mais qui ne produisent point de fruits ; de cet esprit, qui nous fournissant une vaine parure, et ne nous servant de rien dans nos besoins, nous fait briller dans les choses inutiles, et ne nous est d'aucun secours dans celles où il nous importe le plus de réussir.

En récompense, la nature doua les personnes, dont il est question, d'une autre espèce d'esprit, qui s'annonce avec moins de faste, mais qui nous conduit plus sûrement. Elles ont eu assez de lumières, pour connaître les mystères les plus cachés de leur art : elles ont su tirer de cette connaissance tous les avantages qu'elles en pouvaient tirer, et par conséquent elles ont eu beaucoup d'esprit.

Cependant, comme je l'ai dit, on a prétendu qu'elles en manquaient, et l'on n'a fait presque jamais le même reproche aux excellents comiques. D'où vient

Sticotti, pp. 39-40

« C'est alors que l'acteur intelligent envisage de lui-même la grâce qui convient seule au caractère, et qu'il achève de le développer, sans se défendre pourtant d'y joindre les siennes et des manières nouvelles. Ce n'est donc pas assez d'entendre parfaitement une pièce ; l'acteur doit être, pour ainsi dire, auteur lui-même... »

***

Sticotti, pp. 46-47

« Il en est de la diversité d'un caractère, comme des objets d'un tableau : les uns sont frappés de lumière, d'autres, quoique ressentis, sont reculés et cachés dans l'ombre. »

et pp. 48-49

« La représentation est à peu près comme un paysage, où l'on est obligé d'exécuter en petit et faiblement les objets éloignés ; ce paysage est bien vaste, l'esprit humain qui le parcourt est encore plus étendu. Lorsque plusieurs sentiment-incompatibles doivent se rapprocher, s'unir, le grand art est de montrer qu'ils ne sont pas les mêmes, comme dans un tableau, il faut observer les pros portions, et donner à l'ensemble toute l'harmonie possible. La science du peintre habile est de nous rendre sensible la dégradation des distances ; et l'acteur, ce grand peintre de l'âme, doit nous faire sentir les moindres changements, et toutes les transitions d'un sentiment à l'autre, sans les confondre, quoiqu'elles se succèdent souvent avec rapidité. »

***

Sticotti, pp. 55, 56, 57

« L'acteur comique paraît être moins soupçonné que l'acteur tragique du défaut d'intelligence. Le premier fournit une immense carrière, que mille gens connaissent ; c'est l'image de la vie ordinaire ; tout y est sensible, rien n'échappe aux yeux des moins clairvoyants : il est donc injuste de refuser à l'acteur tragique l'étendue de génie qu'on accorde libéralement aux autres. Son art, disent quelques-uns, ne peut agir que sur un plan trop resserré ; oui, mais ce plan est magnifique, et presque surnaturel ; on lui demande moins, mais avec les plus beaux talents, encore est-il bien rare qu'il satisfasse le très petit nombre des connaisseurs. L'acteur tragique a donc besoin d'un discernement plus vaste que l'acteur comique ; il est en effet, indispensable pour pénétrer les pensées les plus profondes (...)
Avancer qu'on a vu d'habiles acteurs manquer de sens, c'est ne rendre que la moitié de ce qu'on veut dire. Le sens de l'homme du monde diffère beaucoup de l'instinct solide d'un commerçant, qui parvient à une grande fortune. Cette sorte de sens, qui fait briller dans un cercle, n'est pas toujours d'un usage fort utile : les grands acteurs dépourvus quelquefois de cette sorte d'esprit, possèdent du moins le sens qui nous charme au théâtre ; il vaut bien le ton de la bonne compagnie, et certainement il est plus rare. De quelque espèce que puisse être le sens de ces grands artistes, du moins en ont-ils fait un emploi noble autant qu'agréable. Il

27

cette différence ? Ne serait-ce point, parce que les finesses du jeu des derniers sont plus de nature à être aperçues du commun des spectateurs, que celles du jeu tragique ? L'esprit dans la tragédie doit chez l'acteur, ainsi que chez l'auteur, ne se montrer pour l'ordinaire que sous la forme du sentiment, et l'on a plus de peine à le reconnaître ainsi déguisé. Souvent même ceux qui peuvent le deviner sous ce masque, ne s'en donnent pas la peine. Quand on va à la tragédie, c'est moins pour faire usage de son esprit que de son cœur. On s'abandonne aux mouvements que le comédien excite. On n'examine point, par quelle route il parvient à les faire naître. A la comédie, l'esprit est plus libre, et plus en état de distinguer, des effets produits par l'art de l'auteur, ceux qui sont dûs à la seule habileté du comédien. »

***

Rémond, pp. 31-32

« Les personnes, qui sont nées tendres, croient pouvoir avec cette disposition entreprendre de jouer la tragédie : celles, dont le caractère est enjoué, se flattent de réussir à jouer la comédie, et il est vrai que le don des pleurs chez quelques acteurs tragiques, et la gaieté chez les comiques, sont deux des plus grands avantages qu'on doivent souhaiter. Mais ces avantages ne sont qu'une partie de ceux dont l'idée est renfermée dans le mot de *sentiment*. La signification de ce mot a beaucoup plus d'étendue, et il désigne dans les comédiens la facilité de faire succéder dans leur âme les diverses passions, dont l'homme est susceptible. »

***

Rémond, pp. 39-40

« Vous avez établi pour principe, que sur la scène on n'exprime qu'imparfaitement une passion, si on ne l'éprouve effectivement. Mais comment nous persuaderez-vous que des actrices, qui savent si bien feindre en particulier des sentiments qu'elles n'éprouvent point, ne puissent les feindre en public, et qu'étant si habiles à se contrefaire avec des amants, elles soient incapables de se contrefaire avec des spectateurs ?

L'objection est facile à résoudre. On ne doit pas être étonné qu'elles réussissent mieux à tromper des regards destinés à leur être favorables, qu'à se déguiser à des yeux qui ne sont ouverts que pour les examiner avec une curiosité critique. L'amour-propre de l'amant sert presque toujours fidèlement la maîtresse. Celui du spectateur ne sert pas de même la comédienne. La vanité du premier le porte à s'imaginer voir l'une telle qu'elle n'est pas. La vanité du second lui fait craindre de ne pas voir l'autre telle qu'elle est. L'un goûte du plaisir à se laisser séduire. L'autre en goûte davantage à montrer qu'il n'est pas la dupe du prestige, lorsque l'artifice est trop grossier pour lui faire illusion. Il consent d'être abusé, mais il veut que son erreur ait l'air raisonnable. »

***

Rémond, pp. 41-42

« Il est des acteurs, qui en criant et en s'agitant beaucoup, s'efforcent de remplacer par une chaleur factice le *feu* naturel, qui leur manque. Il en est plusieurs, à qui la faiblesse de leur constitution et de leurs organes ne permet pas d'user de cette ressource. Ces derniers, ne pouvant entreprendre d'en imposer à nos sens, se flattent d'en imposer à notre esprit, et ils prennent le parti de soutenir que le *feu* chez les gens de leur art est plutôt un défaut qu'une perfection.

Les uns sont de faux monnayeurs qui nous donnent du cuivre pour de l'or : les autres, des fous qui prétendent nous persuader que les frimas sont des beautés de la nature, parce qu'elle couvre de neige pendant la plus grande partie de l'année le pays qu'ils habitent. »

***

Rémond, pp. 42, 43, 44

« Ne prenons point les cris et les contorsions d'un comédien pour de la chaleur, ni la glace d'un autre pour de la sagesse, et bien loin d'imiter certains amateurs du spectacle, qui recommandent soigneusement aux débutantes dont les

28

serait difficile de leur décerner un éloge plus flatteur ; les applaudissements du public servent de réponse à leurs critiques.

La talent de l'acteur comique est à la portée du grand nombre : celui de l'acteur tragique plus délicat, plus élevé, est par conséquent moins senti. »

* *
*

Sticotti, p. 69

« Les comédiens portés à la tendresse se croient formés pour la tragédie, et ceux dont l'humeur est enjouée, pour le comique. Ce n'est là qu'une médiocre partie de la sensibilité, qui, dans toute sa perfection, n'est encore que le second des talents ; car on peut, avec beaucoup de tendresse, ou de gaieté naturelle, extravaguer tendrement, ou gaiement. L'âme du grand acteur, dans toutes les passions, doit être pliable aux sentiments les plus opposés ; il doit tout exprimer, tout sentir dans le degré de force convenable à chaque espèce ; et faire succéder une passion à l'autre, avec toute la rapidité qu'exigent certains caractères. »

* *
*

Sticotti, pp. 85-86

« Voyons comment on pourrait comparer cette sensibilité théâtrale, à quelques femmes insensibles, qui possèdent l'art de se faire aimer. Si, par exemple, une comédienne peut feindre d'aimer un homme, qui l'a mise dans ses meubles ; pourquoi, sur la scène une actrice n'aurait-elle pas cette sensibilité, ou ce talent de paraître sensible, qu'elle porte à la ville ? Je sais que dans le monde, bien des femmes ne réussissent pas autrement : d'où vient donc cette actrice ne pourrait-elle pas séduire des spectateurs désintéressés, puisqu'elle trouve tant de dupes, qui lui font si souvent le sacrifice de leur vie et de leur fortune ? C'est par la raison même que les spectateurs sont désintéressés. L'amant libéral, ordinairement peu délicat, se persuade qu'on l'aime sur de simples apparences, sur de faibles serments : le spectateur ne s'embarrasse pas d'être aimé, il paye pour qu'on soit aimable, et se plaint, avec justice, d'une fausse sensibilité qui lui vole son argent : l'homme amoureux semble vouloir être trompé, le spectateur veut l'être absolument, mais par des accents ingénus, par toute la vraisemblance des choses réelles ; car il jouit de toute sa raison, et ne permet à son cœur de se laisser toucher qu'aux traits invincibles de la nature. »

* *
*

Sticotti, p. 106

« Il est quelques acteurs vraiment pénétrés de ce qu'ils disent, qui par une malheureuse disposition à la froideur, ne donnent jamais d'âme à leur sensibilité ; ils ont assez d'intelligence pour se connaître, ils s'efforcent, ils se battent les flancs, mais en vain, au lieu d'une chaleur naturelle, ils ne font briller à nos yeux qu'un feu d'artifice. D'autres, avec moins de bonne foi, s'épargnent tous ces efforts, ils les désapprouvent, et se font un mérite d'être froids par nature, ils se promènent toute l'année sous des arbres dépouillés, dans un climat couvert de neiges. »

* *
*

Sticotti, pp. 107-111, *passim*

« Parmi la secte des froids comédiens, il s'en trouve d'assez adroits pour convenir en apparence, que la vivacité pleine d'ardeur est un grand talent, mais qu'il est facile d'en avoir trop ; ils sont toujours prêts à l'accuser de quelques succès les intéressent, de modérer leur *feu*, annonçons aux personnes de théâtre, qu'elles ne peuvent trop en avoir ; que plusieurs d'entre elles n'ont le malheur de déplaire au public, que parce que la nature ne leur a pas accordé cette qualité, ou parce que leur timidité les empêche d'en faire usage ; qu'au contraire quelques-uns des acteurs qui sont applaudis, jouiraient d'une réputation encore plus générale et moins contestée, s'ils étaient plus animés de cette précieuse flamme, qui donne en quelque sorte la vie à l'action théâtrale.

On ne révoquera point en doute ces propositions, lorsqu'on cessera de confondre la véhémence de la déclamation avec le *feu* du comédien, et lorsqu'on voudra faire réflexion, que le *feu* dans une personne de théâtre n'est autre chose que la célérité et la vivacité, avec lesquelles toutes les parties, qui constituent l'acteur, concourent à donner un air de vérité à son action.

Ce principe posé, il est évident qu'on ne peut apporter trop de chaleur au théâtre, puisque l'action ne peut être jamais trop vraie, et que par conséquent l'impression ne peut être jamais trop prompte ni trop vive, et l'expression répondre trop tôt ni trop fidèlement à l'expression. »

**

Rémond, p. 51

« Quoique les femmes assurent que la figure est ce qu'elles examinent le moins dans les hommes, cependant un acteur, qui n'est pas doué de certains agréments, obtient difficilement leurs suffrages.

**

Rémond, pp. 51-52

« Les juges éclairés... conviennent qu'il est des rôles, qui, comme nous le verrons dans la suite, exigent que la personne de l'acteur ait de quoi plaire. Ils ne nient point, que même dans les autres rôles on ait droit de vouloir qu'elle ne déplaise pas. Mais ils prétendent que notre délicatesse sur la régularité des traits et sur l'élégance de la taille n'est un sentiment raisonnable, qu'autant que nous le renfermons dans les bornes qu'il doit avoir. On ne peut qu'approuver la répugnance des spectateurs pour les figures choquantes, mais il est aussi injuste que contraire à nos intérêts et aux convenances du théâtre, de ne vouloir admettre sur la scène que des figures d'un ordre supérieur.

**

Rémond, pp. 53-54

« Trouvant le sort injuste, lorsqu'il donne pour demeure à une belle âme un corps défectueux, nous exigeons que le théâtre répare à cet égard les fautes de la nature, et qu'il nous dissimule les caprices ; et la tragédie nous plaisant principalement par l'air de grandeur qu'elle prête au genre humain, nous ne voulons point que, dans les tableaux qu'elle nous offre, rien fasse diversion à l'admiration qu'elle nous donne pour notre espèce. De même que nous cherchons dans la tragédie des objets qui flattent notre orgueil, nous cherchons dans la comédie des objets qui excitent notre gaieté. Notre intention est traversée, si tandis que le rôle nous divertit, le comédien nous attriste, en nous rappelant par ses disgrâces personnelles les accidents auxquels nous sommes sujets. »

**

Rémond, pp. 56-57

« Des traits réguliers, un air noble, doivent sans doute en général nous prévenir favorablement pour une personne de théâtre, mais il est des rôles, dans lesquels elle paraîtra mieux placée, si la nature ne lui a pas accordé ces avantages. Je n'ignore pas qu'on voit, sans être blessé du défaut de vraisemblance, qu'on voit même avec plaisir une jeune beauté se charger d'un personnage de vieille, et un acteur fait pour plaire, représenter un paysan maussade et grossier. Je n'ignore pas que nous allons à la comédie, moins pour voir les objets eux-mêmes, que pour en voir l'imitation ; que quelque sévères que nous soyons sur la conformité que nous exigeons entre l'original et la copie, nous désirons cependant pour l'ordinaire,

défauts inséparables de son espèce. On ne demande pas, comme ils le supposent, dans quelles situations un acteur a trop de feu, mais s'il peut en avoir trop : et l'on sait qu'il est nombre de circonstances et de caractères, où l'on ne peut porter le feu et la véhémence trop loin : plus habile que Prométhée, l'acteur intelligent et sensible, en dérobant le feu céleste, n'embrase pas Thersite, mais Achille (...). Pour connaître s'il est possible qu'un acteur ait trop de feu, il faut savoir d'abord en quoi ce feu consiste essentiellement. Nous avons assez vu ce qu'il n'est pas, voyons ce qu'il est : le résultat d'un génie hardi, une vivacité d'imagination surprenante, une rapidité de sentiments, une affluence d'idées, qui n'ont pourtant aucun rapport nécessaire avec ce bruit et ce fracas, que bien des gens prennent volontiers pour un embrasement divin. Quantité d'acteurs déploient de grands gestes, poussent jusqu'au ciel de froides exclamations, ils ont trop de feu, disent leurs amis ; non, mais trop peu d'intelligence, ils manquent de chaleur et de vivacité, même par la véhémence qu'ils font paraître (...) Il faut donc que le feu de l'action soit une faveur marquée de la nature.

***

Sticotti, p. 116

« Les femmes ne veulent pas avouer qu'elles ont encore plus de délicatesse de goût à cet égard ; cependant elles parlent moins des talents d'un acteur nouveau, que des grâces de sa figure.

***

Sticotti, p. 114

« Si toutes les qualités d'une âme pure, d'un esprit élevé, sont l'apanage nécessaire des acteurs destinés à remplir les personnages héroïques et les premiers rôles, ils ne pourront guère moins se passer de tous les dons extérieurs d'une figure intéressante et pleine d'élégance. Il en est autrement des emplois subordonnés ; les figures irrégulières, même hétéroclites, loin d'y paraître contraires, y sont quelquefois utiles.

***

Sticotti, pp. 117-118

« Par un préjugé de l'orgueil humain, nous imaginons toujours que la nature n'a pu mettre une grande âme que dans un corps décent, et nous exigeons surtout, que cette union se fasse dès qu'elle est au pouvoir de l'art. La bonté, la noblesse de quelques âmes privilégiées ne semblent leur permettre aucun mélange défavorable ; fiers des qualités brillantes de notre espèce, nous ne pouvons souffrir qu'on affaiblisse en nous ce respect, cette estime que nous portons à nos semblables. Nous cherchons au théâtre la gaieté ou l'admiration : mais comment rirons-nous d'un ridicule qui nous fait peine ? Comment pourrons-nous admirer un héros qui représente quelques-unes de nos vertus, s'il nous rappelle en même temps par sa difformité, qu'il est, ainsi que nous, un animal digne de compassion ? »

***

Sticotti, pp. 118-119

« Les dons heureux de la figure, surtout dans les premiers rôles, semblent quelquefois tenir lieu de talent ; il suffit pour les autres emplois, qu'elle n'y soit pas rebutante : les vices de caractère ne doivent pas être réels dans l'acteur ; car on cherche au théâtre des imitations, non des réalités. Un jeune homme représentant un vieillard, nous plaît bien davantage que l'acteur sexagénaire chargé d'un rôle de jeune homme. (...) Ainsi, l'on aime à voir l'air grossier d'un paysan dans un acteur, qui n'est pas en effet disgracieux. Il en est à peu près de la figure comme des talents, c'en est un bien décidé de saisir avec justesse un caractère opposé directement au nôtre, et l'acteur qui ne sait s'acquitter que de quelques rôles qui lui

31

que les comédiens n'aient pas les défauts, dont ils entreprennent de nous offrir l'image. »

*_**

Rémond, p. 58

« ... moins l'acteur a les perfections, dont se pique le personnage qu'il représente, ou celles qu'attribuent à ce personnage les autres personnages extravagants de la pièce, plus il fait paraître ridicules la folle présomption de l'un et le bizarre jugement des autres, et par conséquent plus il jette de comique dans l'action. »

*_**

Rémond, p. 64

RÉFLEXION

« *Les comédiens, dans les rôles subordonnés, ne peuvent pas plus se passer de feu, d'esprit et de sentiment, que dans les premiers rôles.* »

*_**

Rémond, pp. 66-67

« Il n'est pas douteux que la beauté du rôle ne contribue à faire briller le comédien. Il n'est pas douteux non plus, qu'on ne supporte plus volontiers la médiocrité dans des acteurs, destinés à représenter des personnages de peu d'importance, que dans les acteurs qui occupent les premières places sur la scène. Mais il n'en est pas moins vrai qu'un habile comédien peut faire valoir des rôles, dont sans lui plusieurs spectateurs ne connaîtraient pas tout le prix. »

*_**

Rémond, pp. 74-75

« Les uns et les autres doivent toujours se souvenir, qu'au spectacle nous sommes infailliblement blessés de tout ce qui nous donne occasion, en nous rappelant les infirmités de la nature humaine, de faire des retours fâcheux sur nous-mêmes. Pour l'ordinaire, lorsqu'on est devenu un objet plus capable d'inspirer la tristesse que d'exciter le plaisir, le meilleur parti qu'on ait à prendre est celui de la retraite. Il paraîtra presque toujours extravagant que des personnes, à qui l'usage du monde interdit même la satisfaction de partager, du moins trop fréquemment, les amusements publics, s'arrogent le droit d'en être les héroïnes. Un talent unique ou extrêmement supérieur peut seul nous faire souffrir un acteur ou une actrice, dont les traits flétris nous annoncent le sort qui nous attend. »

*_**

Rémond, pp. 83-84

« L'enjouement est le véritable Apollon des acteurs comiques. S'ils sont joyeux, ils ont presque nécessairement du feu et du génie.
N'oublions pas cependant de les avertir que nous désirons de lire pour l'ordinaire dans leur jeu seulement, et non sur leur visage, la gaieté que leur inspirent leurs rôles. Les physionomies tristes ne sont souffertes qu'avec peine dans la co-

sont naturels, n'a pas beaucoup à se féliciter d'un mérite qui ne lui coûte rien et qui ne peut aller plus loin. »

*
* *

Sticotti, p. 158

« La passion absurde d'une femme de mauvais goût, produira d'autant plus d'effet sur la scène, que son amant aura dans sa figure les défauts les plus marqués : nous rendons justice alors au talent de l'actrice, sans condamner la femme qu'elle représente ; nous sommes satisfaits de voir son mauvais choix répondre à son mauvais goût ; tant la vraisemblance des choses absurdes doit être aussi bien gardée que toute autre. »

*
* *

Sticotti, pp. 6-7

« On a droit d'attendre des principaux acteurs toutes les qualités brillantes que les personnages de leurs emplois supposent ordinairement, la voix, les grâces, la figure, etc. Ceux du second ordre ne sont guère moins responsables des mêmes avantages. C'est peu pour les premiers de quelques dons heureux et d'un seul talent, pour captiver notre imagination, s'emparer de notre âme, l'émouvoir à son gré, l'agiter, la transporter de joie, l'affliger et la percer jusqu'au vif ; à peine est-il au théâtre un emploi, un seul caractère, où l'on ne doive se proposer d'intéresser ; tout revient au cœur par des sentiers différents : c'est le cœur qu'il faut remuer. La nature doit donc favoriser en tout un premier acteur ; l'art peut suffire, dans les derniers emplois ; on peut s'y distinguer, secouru de quelque intelligence et de beaucoup de correction dans les détails ; c'est le sublime des petits emplois, et des acteurs médiocres. »

*
* *

Sticotti, p. 120

« ... tout n'est pas bon dans les premiers emplois ; et dans les seconds, le talent peut percer dans les moindres choses. »

*
* *

Sticotti, p. 126

« Quoiqu'on puisse absolument se passer de jeunesse au théâtre, cependant on ne saurait y supporter la vieillesse, on n'en veut que l'imitation ; nous pouvons nous réjouir de ses ridicules, jamais de ses infirmités ; c'est au poète à les crayonner, à l'acteur de nous en sauver les dégoûts. Si la scène souffre malaisément les vieux acteurs, elle admet encore moins les vieilles actrices ; la décadence est bien plus sensible dans un sexe délicat, dont les grâces enfantines, mais fugitives, semblent emporter avec elles notre bonheur et nos plaisirs. »

*
* *

Sticotti, pp. 128-129

« L'humeur gaie n'est pas, comme on pourrait le penser, une qualité indifférente à l'acteur comique : ce n'est pas assez qu'il se pénètre de l'esprit de son rôle ; le principe de bien entrer dans ce qu'on dit n'est pas toujours suffisant à l'égard de quelques dispositions particulières qu'on pourrait n'avoir pas ; et le poète s'efforce en vain de peindre les passions des couleurs les plus riantes, si l'acteur ne les éprouve

médie. Mais un comédien, qui se propose de nous réjouir, nous paraîtra souvent d'autant plus comique, qu'il affectera davantage de paraître sérieux. Je dirai bientôt aux acteurs tragiques, *Pleurez si vous voulez que je pleure*. Je lui dis, *Ne riez presque jamais, si vous voulez que je rie.* »

Rémond, p. 85

« *Quiconque n'a point l'âme élevée, représente mal un héros.*

Rémond, pp. 85-86

« On ne doit pas m'accuser de donner le nom d'élévation de sentiments à la folie, dont quelquefois sont atteints les premiers acteurs tragiques. Quelquefois, se persuadant qu'ils ne cessent jamais d'être princes, ils ne peuvent, même en quittant le cothurne, descendre de leur grandeur. Ils croient donner audience, en recevant une visite, et tenir conseil d'état, lorsqu'ils assistent aux délibérations de leur troupe : ils dictent des ordres à leurs domestiques, du ton avec lequel les souverains prononcent des arrêts, et ils font des politesses à un auteur, qui a besoin d'eux, d'un air à donner lieu de soupçonner qu'ils pensent distribuer des grâces ou des récompenses.

Rémond, p. 104

« Dans les rôles tendres, vous ne trompez pas plus les yeux que les oreilles, si la nature ne vous a pas doué d'une âme faite exprès pour aimer.
Sans se donner la peine de réfléchir beaucoup, on se convaincra de la vérité de ce principe. Peut-être même en viendra-t-on à se persuader qu'un acteur et une actrice, qui jouent ensemble une scène de deux personnes mutuellement enivrées de leur amour, ne peuvent la jouer avec une entière perfection, si du moins dans cet instant ils ne ressentent pas effectivement l'un pour l'autre tous les transports, qui agiteraient cet amant et cette maîtresse.

Rémond, p. 117

« *On demande aux amants, dans la comédie, une figure aimable, et aux héros, dans la tragédie, une figure imposante.*

Rémond, pp. 128-129.

« Pour divers rôles de suivantes, il n'importe pas, et peut-être même il est à propos que l'actrice ne soit plus de la première jeunesse. Pour d'autres, il est de la bienséance qu'elle soit jeune, ou que du moins elle le paraisse. Cela est convenable. lorsque les discours respectueux, tenus par la soubrette à des personnes auxquelles elle doit des égards, ou les conseils peu sages qu'elle donne à de jeunes beautés, ne peuvent avoir pour excuse qu'un grand fond d'étourderie.

34

lui-même : telle est, entre autres, la gaieté naturelle.

et p. 133

« Une physionomie triste par l'arrangement de ses traits, n'aura qu'une gaieté forcée ; mais sur le visage ouvert et serein, le sérieux forcé est une très bonne grimace. On ne peut réussir dans la comédie, qu'en prenant la règle contraire au tragique, où l'acteur ne peut nous tirer des larmes, s'il n'en répand lui-même ; pendant que l'acteur comique ne nous divertit qu'autant qu'il sait ménager sa gaieté naturelle.

*
* *

Sticotti, p. 134

« L'âme naturellement élevée, est à l'acteur tragique, ce que la gaieté naturelle est à l'acteur du genre opposé. S'il n'y a que les grands hommes qui disent de grandes choses, il faut donc, pour les rendre avec dignité, que l'acteur tragique ait en partage beaucoup de grandeur d'âme.

*
* *

Sticotti, pp. 136-137

« Mais si l'acteur tragique doit trouver en lui-même la source des grands sentiments, il ne s'en suit pas qu'il doive, hors du théâtre, donner à tous ses discours, à toutes ses manières, cette dignité imposante, cette gravité, qui sied à peine aux gens du monde les plus élevés. On peut juger de là combien il est ridicule de ne pouvoir se dépouiller du cothurne, de recevoir ses amis comme si l'on donnait audience à des ambassadeurs, et de commander un verre d'eau fraîche au garçon du café, de l'air d'un général romain : un fat peut s'imaginer qu'il est plus aisé d'être un héros, qu'il n'est facile de le représenter sur la scène. Quelques acteurs, tout au plus médiocres, ont peut-être besoin de se guinder continuellement ; triste ressource, qui ne produit à la fin qu'une vaine affectation au théâtre, ainsi qu'à la ville.

*
* *

Sticotti, pp. 146-147

« Puisque l'amour ne peut se dérober aux regards des moins clairvoyants, il faut donc que l'acteur qui soupire soit naturellement amoureux. Il arrive difficilement chez les comédiens, qu'entre mari et femme, une scène d'amants soit bien représentée… mais l'acteur et l'actrice qui portent sur la scène l'amour véritable qu'ils ont l'un pour l'autre, nous font éprouver tout ce que le spectacle de l'art et de la nature a de plus aimable et de plus sensible.

*
* *

Sticotti, p. 157

« Nous voulons, dans les premiers rôles de la comédie, une personne svelte et pleine d'agréments : ceux de la tragédie exigent une figure majestueuse, frappante.

*
* *

Sticotti, p. 163

« Le valet peut exceller encore par-delà le milieu de l'âge, et la soubrette un peu fanée, fait aussi bien que dans son printemps : souvent même par ces défauts, ils ne sont l'un et l'autre que plus plaisants. »

et p. 164

« Comme on souffre volontiers dans quelques comédies une soubrette déjà

Rémond, p. 129

« Une soubrette n'est pas toujours obligée d'avoir l'air jeune : elle l'est toujours d'avoir dans la langue une extrême volubilité. Si elle est privée de cet avantage, elle fera, surtout dans les comédies de Regnard, perdre à plusieurs rôles la plus grande partie de leurs grâces.

L'air malin ne lui est pas moins nécessaire que la volubilité de langue. »

Rémond, p. 130

« Autant l'air malin est-il nécessaire aux suivantes, autant la souplesse et l'agilité le sont elles aux valets. J'ai observé que dans une pièce bien faite tous les personnages étaient toujours en mouvement, et pour lors je n'employais cette expression que dans le sens figuré. Par rapport aux valets, elle doit être prise au propre. Il est essentiel que sans cesse ils amusent nos yeux aussi bien que notre esprit. De ce principe, il s'ensuit qu'une taille épaisse ne leur sied pas mieux que le bégaiment à une soubrette babillarde. »

Rémond, pp. 140-141

« Agamemnon, interrogé par Iphigénie s'il lui permettra d'assister au sacrifice qu'il prépare, répond à cette princesse, *Vous y serez, ma fille.* Plusieurs acteurs croiront ajouter du pathétique à cette situation, en fixant tendrement leurs regards sur Iphigénie, et cette action sera contraire à la vraisemblance, parce qu'Agamemnon aurait sans doute, en adressant ce discours à sa fille, détourné les yeux, afin qu'elle n'y lût point la mortelle douleur dont il avait le cœur déchiré. »

Rémond, pp. 166-167

« La tragédie demande-t-elle d'être déclamée ? »

« Peut-être de toutes les questions sur l'art du comédien n'en est-il aucune sur laquelle on soit moins d'accord ? Les opinions ne sont partagées, que parce qu'on se forme différentes idées de la *déclamation*, et parce que plusieurs personnes prennent pour cette récitation ampoulée, pour ce chant aussi déraisonnable que monotone, qui n'étant point dicté par la nature, étourdit seulement les oreilles, et ne parle jamais ni au cœur ni à l'esprit.

Une telle déclamation doit être bannie de la tragédie, mais en avançant que les vers tragiques ne peuvent être récités trop naturellement, les connaisseurs n'ont garde de proscrire la majesté du débit, lorsqu'il est à propos de l'employer. Il faut éviter avec soin la récitation trop fastueuse, toutes les fois qu'il ne s'agit que d'exprimer des sentiments... »

⁂

Rémond, p. 182

« On doit reconnaître... combien ils (les comédiens) ont besoin non seulement que jamais leur mémoire ne se trouve en défaut, mais encore qu'elle ne paraisse pas leur fournir les discours que nous admirons dans leur bouche. »

et p. 184

« La principale attention du comédien... doit être de ne nous laisser apercevoir que son personnage. (...) Si les discours ne se présentent pas rapidement à l'acteur, à mesure qu'il en a besoin, il ne peut presque faire aucun usage de ses

sur le retour, de même sa grande jeunesse peut être bonne à plusieurs rôles : quand elle veut, par exemple, donner des conseils à sa vieille maîtresse ; plus elle est encore dans l'ignorance de l'âge, plus le contraste est réjouissant. »

Sticotti, p. 164

« Ses principales qualités sont ordinairement beaucoup de vivacité, jointe à une volubilité de langue intarissable, un coup d'œil malin, une finesse basse... »

Sticotti, p. 165

« ... il (le valet) doit être toujours alerte ; (...) la souplesse du corps lui est propre. Un valet obligé d'être balourd, qui ferait le léger, serait aussi digne du sifflet, qu'une soubrette qui voudrait tâtillonner sans cesse. »

Sticotti, p. 168

« Lorsqu'Iphigénie demande à son père, tout près de l'immoler aux dieux, si elle sera présente à la fête qui se prépare ; on penserait d'abord qu'il doit la regarder avec beaucoup de tendresse et de pitié, quand il lui répond : *vous y serez, ma fille*. Ce mouvement serait faux ; il détourne les yeux d'un objet si déplorable, il ne pourrait la regarder sans lui découvrir son dessein : c'est ainsi que cette scène est rendue sur le théâtre français ; nos anglais n'ont point, à cet égard, un plus beau modèle de la vérité de l'action. »

Sticotti, p. 184

« On a cru longtemps que la majesté du tragique exigeait une déclamation pompeuse et outrée : de nos jours on a senti que le sublime même demande souvent beaucoup de simplicité de récitation ; c'est ce qui distingue le comédien de l'orateur.»

Sticotti, p. 188

« Graver un rôle dans sa mémoire, est assurément la mécanique la moins difficile au théâtre, et la plus importante. (...) Pour être en état de s'oublier soi-même, il faut posséder parfaitement son rôle, autrement, on n'est plus le héros, mais un mercenaire inquiet, agité, déconcerté, qui cherche des mots en balbutiant. »

talents. »

***

Rémond, p. 247

« Jusqu'ici nous avons considéré les finesses de l'art du comédien, seulement par rapport à ce qui constitue leur essence. Nous allons les considérer par rapport à leur différente destination. Les unes appartiennent particulièrement au tragique. Les autres ne conviennent qu'au comique. »

Sticotti, p. 193

« Parmi toutes les finesses qu'on peut mettre en usage, il en est de particulières seulement à la tragédie, d'autres à la comédie, et quelques-unes qui peuvent également servir à toutes deux. »

P. S.

MA Lettre étoit finie, comme vous voyez, Monſieur, lorſque j'ai lû le *Mercure*. M. Rémond de Sainte Albine, Auteur de cet Ouvrage périodique, & en même-tems du *Comédien*, peu content des louanges que *l'Obſervateur* lui avoit prodiguées ne s'eſt pas crû diſpenſé de faire lui - même l'éloge de ſon propre Livre. Il ne faut point le lui reprocher. C'eſt aujourd'huy la mode. Les Auteurs à qui le Public n'applaudit pas aſſez, s'en dédommagent en ſe payant eux-mêmes le tribut qu'ils ne peuvent arracher aux autres. Mais où M. Rémond a-t-il pris les Anecdotes qu'il avance d'un ton ſi aſſuré au ſujet du tems où mon Ouvrage a été compoſé. Aucune de mes ſociétés n'eſt

L'article que nous reproduisons ci-après parut dans le *Mercure de France* du mois de mars 1750, peu de temps après la sortie de *L'Art du théâtre*. Tout laisse penser qu'il fut rédigé par Rémond de Sainte-Albine en personne, alors directeur de cette publication. Certains passages en sont d'ailleurs, sans aucun effet de distance, directement transposés du *Comédien*.

Cet article est à l'origine de l'adjonction de dernière heure à la *Lettre* de Riccoboni — qui fait suite à *L'Art du théâtre*, et qui était elle-même une adjonction tardive — d'un *Post-Scriptum* que l'on trouvera à la fin de l'ouvrage, où l'auteur consigne sa récation indignée devant le procédé de Rémond. (voir page 40)

Mercure de France, Mars 1750.

« *L'Art du théâtre. A Madame ****. Par François Riccoboni. (...)

Dans tous les temps, il a été permis d'exercer sa plume sur des sujets déjà traités. Mais jusqu'à présent on avait rarement usé de cette liberté pour les ouvrages des auteurs vivants. Cependant M. *Rémond de Sainte-Albine*, sur cet article, n'a point à se plaindre de M. *Riccoboni*. En hasardant ses réflexions sur l'art de représenter les ouvrages dramatiques, M. *Rémond* avait invité lui-même les écrivains, qui croiraient pouvoir ajouter quelques vues aux siennes, à ne point priver le public de leurs lumières. D'ailleurs M. *Riccoboni* dans un avant-propos avertit que sa brochure était composée *il y a plusieurs années*.

Par cette expression, *il y a plusieurs années*, on ne doit au reste entendre d'autre époque que l'année 1747, dans laquelle parut la première édition du livre du *Comédien*. Il est vrai que peu de jours après que ce livre eut été mis en vente, M. *Riccoboni* annonça à diverses personnes un traité de lui sur la même matière et sous le même titre. Il est vrai aussi, qu'il lut à quelques amis un ouvrage fort court en forme de lettre, dans lequel alors il ne s'agissait presque que du geste et de la voix. Son dessein était d'abord de publier cette lettre telle qu'elle était. De toutes les raisons qui l'ont déterminé à la garder si longtemps dans son porte-feuille, il ne communique que celle-ci aux lecteurs. « Quand on se donne, dit-il, pour précepteur dans un art que l'on exerce, il semble toujours aux esprits malins, que l'on cherche à se donner pour modèle... Maintenant que la faiblesse de ma santé m'oblige à quitter le théâtre, je n'ai plus rien à ménager de ce côté là. » Dans cette supposition, n'eut-il pas été plus sage d'attendre, pour faire paraître sa brochure, qu'il eût absolument renoncé à la profession ?

Ordinairement un auteur qui traite de nouveau une matière, sur laquelle d'autres ont travaillé, cite avec une exactitude scrupuleuse ceux qui ont couru avant lui la même carrière. C'est tout ce qu'aurait pu faire M. Riccoboni se dispenser de cet usage, si le livre de *L'Art du théâtre* eût suivi de près celui du *Comédien*. Il est donc assez surprenant que M. *Rémond de Sainte-Albine* ne soit nulle part nommé par notre auteur. Il l'est encore beaucoup plus que ce dernier, après qu'on a publié deux éditions d'un ouvrage, dont le sien pour la plus grande partie n'est que l'abrégé, avance que *personne n'a encore enseigné aux acteurs les principes de leur art* *.

M. l'Abbé *de la Porte*, dans l'une des dernières feuilles de ses *Observations sur la littérature moderne*, T. 2, p. 233, a suffisamment relevé la singularité de cette proposition. Il aurait pu remarquer qu'il était extraordinaire qu'elle eût passé à la censure, surtout *L'Art du théâtre*, et la seconde édition du livre du *Comédien*, ayant eu le même examinateur.

Quoique l'ingénieux critique, dont nous venons de parler, ait analysé la brochure de M. *Riccoboni*, nous en tracerons ici une légère esquisse, en faveur de personnes qui ne sont pas à portée de lire tous les ouvrages périodiques. M. Rémond, persuadé que la nature et l'art doivent concourir également à former les bons comédiens, s'est autant étendu sur les qualités qu'ils doivent tenir de l'une, que sur les secours qu'ils doivent emprunter de l'autre. Son abréviateur ne dit presque rien des avantages naturels qui leur sont nécessaires. Au lieu que le premier a passé légèrement dans son ouvrage sur tout ce qui ne pouvait intéresser ni l'esprit ni le cœur, le second fait entrer dans le sien plusieurs détails, tels que ceux-ci : *Pour avoir bon air, il faut se tenir droit... On ne doit point plier de la ceinture, ni tenir l'estomac et la poitrine raides... Il est de mauvaise grâce de porter un bras fort haut, et d'étendre l'autre au long de la hanche... Si l'on veut montrer du respect ou de l'attendrissement, il convient de se courber de la poitrine, sans craindre de grossir les épaules... Lorsque vous êtes gêné par votre habit, ne baissez que la tête... Voulez-vous élever un bras ? Que la partie supérieure, c'est-à-dire celle qui prend de l'épaule au coude, se détache du corps la première... Pour redescendre, la main doit tomber d'abord, et les autres parties du bras la suivre dans leur ordre... On doit encore faire attention à faire toujours sentir le pli du coude et du poignet...*

A l'égard des parties qui constituent la vérité, la finesse et l'agrément du jeu, soit tragique, soit comique, le nouvel auteur donne quelques principes, sans doute utiles, et qui ne peuvent être contestés, mais qui ont été beaucoup plus approfondis dans le livre de M. *de Sainte-Albine*. M. *Riccoboni* en omet plusieurs autres, que M. *de Sainte-Albine* a pris soin de développer et qui sont très importants.

Sur certains points ces deux écrivains sont d'avis extrêmement opposés. Selon M. *de Sainte-Albine*, si les acteurs veulent nous faire illusion, ils doivent se la faire à eux-mêmes : il faut qu'ils s'imaginent être le personnage qu'ils représentent : il faut que cette erreur passe de leur esprit à leur cœur, et qu'en plusieurs occasions un malheur feint leur arrache de véritables larmes. M. *Riccoboni* appelle cette opinion une erreur brillante. Il soutient *que c'est un malheur pour des comédiens de ressentir véritablement ce qu'ils doivent exprimer*, et il essaie de prouver une doctrine si neuve, par le raisonnement suivant : « Dans un endroit d'attendrissement, vous laissez-vous emporter au sentiment de votre rôle ? Votre cœur se trouvera tout-à-coup serré, votre voix s'étouffera presque entièrement ; s'il tombe une seule larme de vos yeux, des sanglots involontaires vous embarrasseront le gosier, il vous sera impossible de proférer un seul mot sans des hoquets ridicules. Si vous devez alors passer subitement à la plus grande colère, cela vous sera-t-il possible ? » Oui, répondrons-nous. Cela sera, sans doute, difficile pour des acteurs médiocres, mais cela ne le sera point pour les grands acteurs. Comme une cire molle, qui sous les doigts d'un savant artiste devient successivement une Sapho ou une Médée, leur âme sait se prêter rapidement aux différentes métamorphoses qu'exige le jeu théâtral (1). Tous les jours la nature nous montre ces passages subits. Pourquoi l'art ne le pourrait-il en cela l'imiter ?

M. *Rémond* avait compté, au nombre des diverses espèces de monotonie, l'habitude de baisser la voix à la fin de toutes les phrases. Il est contredit sans ménagement par M. *Riccoboni*, qui oubliant en cette occasion, qu'il ignore que le livre du *Comédien* existe, rapporte en lettres italiques les propres paroles de M. *Rémond*. « Croit-on, demande M. *Riccoboni*, que ce ne soit pas une monotonie de finir toutes les phrases en l'air ? » Nous lui demandons à notre tour, si l'on doit conclure de ce que *c'est une monotonie de finir toutes les phrases en l'air*, que ce n'en est pas une de baisser la voix à la fin de toutes les phrases.

Pour ne point abuser de la patience des lecteurs, nous ne parcourrons point toutes les autres différences qui distinguent les deux ouvrages. Nous ajouterons seulement que leur marche n'est pas la même. M. *Riccoboni* discute les matières,

---

* Est-ce une excuse pour M. Riccoboni, que de dire qu'il avait commencé d'écrire sa brochure avant que le livre du *Comédien* parût ? Puisqu'elle n'a été imprimée que longtemps après, il pouvait, en se rétractant, se faire pour le moins autant d'honneur qu'à M. *de Sainte-Albine*.

(1) Cf. *Le Comédien*, première partie, ch. II, p. 32.

selon que le hasard les lui présente. Elles se sont offertes à lui dans l'arrangement que nous allons voir. *Le geste, la voix, la déclamation, l'intelligence, l'expression, le sentiment, la tendresse, la force, la fureur, l'enthousiasme, la noblesse, la majesté, la comédie, les amants, les caractères, le bas comique, les femmes, le plaisant, le jeu muet, l'ensemble, le jeu de théâtre, le temps, le feu, le choix, la pratique, la chambre, l'académie, le barreau, la chaire, le théâtre.* Nous copions ici les titres des sommaires qui composent sa brochure.

Bien loin de vouloir contribuer à la faire tomber dans l'oubli, nous en conseillerons la lecture aux acteurs, qui n'ayant point eu d'éducation, ont besoin de règles pour le mécanisme de l'action et de la contenance. Cette lecture, même par rapport à quelques parties de l'art plus nobles et plus intéressantes, peut avoir aussi son utilité pour les comédiens que la nature n'a pas doués d'une intelligence fort supérieure. Moins ils auront d'esprit, mieux ils feront de ne pas se borner à l'étude du traité de M. *Rémond de Sainte-Albine,* et de la faire précéder par celle du petit traité de M. *Riccoboni. Le Comédien* leur fournira plusieurs réflexions qu'ils ne pourraient puiser dans *L'Art du théâtre.* D'un autre côté, ils puiseront dans *L'Art du théâtre* quelques notions préliminaires, qui les mettront en état de lire avec plus de fruit le *Comédien.* (pp. 170-175).

EXTRAIT DU « COMÉDIEN »

Horace a dit, *Pleurez si vous vous voulez que je pleure.* Il adressait cette maxime aux poètes. On peut adresser la même maxime aux comédiens.

Les acteurs tragiques veulent-ils nous faire illusion ? Ils doivent se la faire à eux-mêmes. Il faut qu'ils s'imaginent être, qu'ils soient effectivement ce qu'ils représentent, et qu'un heureux délire leur persuade que ce sont eux qui sont trahis, persécutés. Il faut que cette erreur passe de leur esprit à leur cœur, et qu'en plusieurs occasions un malheur feint leur arrache des larmes véritables.

Alors, nous n'apercevrons plus en eux de froids comédiens, qui par des tons et des gestes étudiés veulent nous intéresser pour des aventures imaginaires. Alors, si quelque obstacle insurmontable ne s'oppose à l'effet qu'ils doivent produire, ils sont sûrs d'opérer tous les prodiges qu'ils peuvent attendre de leur art. Ce sont des souverains, qui commandent en maîtres absolus à nos âmes. Ce sont des enchanteurs, qui savent prêter de la sensibilité aux êtres les plus insensibles.

(1re partie, chapitre III, pp. 91-92).

EXTRAIT DE « L'ART DU THÉATRE »

L'expression

L'on appelle expression, l'adresse par laquelle on fait sentir au spectateur tous les mouvements dont on veut paraître pénétré. Je dis que l'on veut le paraître, et non pas que l'on est pénétré véritablement. Je vais à ce sujet, Madame, vous dévoiler une de ces erreurs brillantes dont on s'est laissé séduire, et à laquelle un peu de charlatanisme de la part des comédiens peut avoir beaucoup aidé. Lorsqu'un acteur rend avec la force nécessaire les sentiments de son rôle, le spectateur voit en lui la plus parfaite image de la vérité. Un homme qui serait vraiment en pareille situation, ne s'exprimerait pas d'une autre manière, et c'est jusqu'à ce point qu'il faut porter l'illusion pour bien jouer. Etonnés d'une si parfaite imitation du vrai, quelques-uns l'ont prise pour la vérité même, et ont cru l'acteur affecté du sentiment qu'il représentait. Ils l'ont accablé d'éloges, que l'acteur méritait, mais qui partaient d'une fausse idée, et le comédien qui trouvait son avantage à ne la point détruire, les a laissés dans l'erreur en appuyant leur avis.

Bien loin que je me sois jamais rendu à cet avis, qui est presque généralement reçu, il m'a toujours paru démontré que si l'on a le malheur de ressentir véritablement ce que l'on doit exprimer, on est hors d'état de jouer. Les sentiments se succèdent dans une scène avec une rapidité qui n'est point dans la nature. La courte durée d'une pièce oblige à cette précipitation, qui en rapprochant les objets, donne

43

à l'action théâtrale toute la chaleur qui lui est nécessaire. Si dans un endroit d'attendrissement vous vous laissez emporter au sentiment de votre rôle, votre cœur se trouvera tout-à-coup serré, votre voix s'étouffera presque entièrement ; s'il tombe une seule larme de vos yeux, des sanglots involontaires vous embarrasseront le gosier, il vous sera impossible de proférer un seul mot sans des hoquets ridicules. Si vous devez alors passer subitement à la plus grande colère, cela vous sera-t-il possible ? Non, sans doute. Vous chercherez à vous remettre d'un état qui vous ôte la faculté de poursuivre, un froid mortel s'emparera de tous vos sens, et pendant quelques instants vous ne jouerez plus que machinalement. Que deviendra pour lors l'expression d'un sentiment qui demande beaucoup plus de chaleur et de force que le premier ? Quel horrible dérangement cela ne produira-t-il pas dans l'ordre des nuances que l'acteur doit parcourir pour que ses sentiments paraissent liés et semblent naître les uns des autres ? Examinons une occasion différente qui fournira une démonstration plus sensible, et contre laquelle les préjugés auront de la peine à combattre. Un acteur entre sur la scène, les premiers mots qu'il entend, doivent lui causer une surprise extrême, il saisit la situation, et tout-à-coup son visage, sa figure et sa voix marquent un étonnement dont le spectateur est frappé. Peut-il être vraiment étonné ? Il sait par cœur ce qu'on va lui dire : il arrive tout exprès pour qu'on le lui dise *.

L'antiquité nous a conservé un fait singulier, et qui semblerait propre à soutenir l'idée que je cherche à combattre. Un fameux acteur tragique, nommé Esope, jouait un jour les fureurs d'Oreste. Dans le moment qu'il avait l'épée à la main, un esclave destiné au service du théâtre, vint à traverser la scène, et se trouva malheureusement à sa rencontre. Esope ne balança pas un instant à le tuer. Voilà un homme à ce qui paraît si pénétré de son rôle, qu'il ressent jusqu'à la fureur. Mais pourquoi ne tua-t-il jamais aucun des comédiens qui jouaient avec lui ? C'est que la vie d'un esclave n'était rien, mais qu'il était obligé de respecter celle d'un citoyen. Sa fureur n'était donc pas si vraie, puisqu'elle laissait à sa raison toute la liberté du choix. Mais en comédien habile il saisit l'occasion que le hasard lui présentait. Je ne dis pas qu'en jouant les morceaux de grande passion l'acteur ne ressente une émotion très vive, c'est même ce qu'il y a de plus fatigant au théâtre. Mais cette agitation vient des efforts qu'on est obligé de faire pour peindre une passion que l'on ne ressent pas, ce qui donne au sang un mouvement extraordinaire auquel le comédien peut être lui-même trompé, s'il n'a pas examiné avec attention la véritable cause d'où cela provient.

Il faut connaître parfaitement quels sont les mouvements de la nature dans les autres, et demeurer toujours assez le maître de son âme pour la faire à son gré ressembler à celle d'autrui. Voilà le grand art. Voilà d'où naît cette parfaite illusion à laquelle les spectateurs ne peuvent se refuser, et qui les entraîne en dépit d'eux. (pp. 36-41).

_____

* Je sais que dans cet article je suis entièrement opposé au sentiment de mon père, comme on peut le voir dans ses *Pensées sur la déclamation*. Le respect que je dois à sa décision, le reconnaissant pour mon maître dans l'art du théâtre, suffit pour me persuader que j'ai tort ; mais j'ai cru que ma réflexion, vraie ou fausse, ne serait pas inutile au lecteur.

II. La partition intérieure

« Analyse : description d'un objet à travers les dépendances homogènes d'autres objets sur lui et sur eux réciproquement. »
(Louis HJELMSLEV. *Prolégomènes à une théorie du langage*).

Une *histoire* de l'*aisthèsis* est-elle possible ?

Cette question reconduit d'emblée à toutes celles qui, dans l'empiricité non encore ordonnée du travail historique, en contredisent déjà la suggestion improprement transcendantale :

A partir de quand, de quels lieux et dans quelles conditions une *théorie* de l'*aisthèsis* — notion à saisir dans toute l'extension de ses nuances psychologiques, mais aussi dans la permanence transhistorique du lien qui l'unit à toute forme d'influence métaphysique — devient-elle

1) praticable,
2) efficiente quant à la transformation même de son objet ?

Le phénomène d'une première réponse historique à cette double question, qui se reporte aussi bien sur notre propre aptitude à écrire un fragment de cette *histoire*, nous amènera ici à examiner non seulement le *texte* où elle s'énonce, mais aussi la *scène* où elle prend corps.

On attribue généralement au *Paradoxe sur le comédien* le privilège d'une rupture, ou d'un écart singulièrement novateur par rapport à une tradition esthétique dont on limite trop souvent l'efficience au seul champ de l'interprétation dramatique.

A excéder cette limite, en posant par exemple la question de ce dont le théâtre est, à divers degrés, *représentation*, ainsi que des multiples pratiques de la *mimésis* dont il se constitue, on se trouve renvoyé à deux types d'analyse, dont on cherchera ici-même l'articulation : une *analyse interne du discours esthétique* en tant que tel, où le théâtre est décrit dans la spécificité de sa pratique, et une *analyse historique de son statut représentatif,* ou plus simplement des fonctions qu'il contracte avec ce que l'on désignera pour l'instant très vaguement comme étant son *dehors.*

Dans le rappel complaisant de sa propre originalité, Rémond de Sainte-Albine ne s'aveugle pas. Car avant que la *scène* ne devienne, comme espace d'une corrélation complexe de procès expressifs, l'objet d'analyses particulières qui en construisent véritablement la spécificité, aucune théorie n'avait dépassé en ce domaine le cadre classique des *poétiques du théâtre*.

Or quiconque voudrait esquisser quelque chose comme une théorie de l'expression au XVIIIe siècle aurait à prendre en compte l'émergence d'une *théorie de la pratique dramatique* dont la seule anticipation repérable n'avait pu apparaître que dans les anciens traités de rhétorique, au chapitre des règles de l'*action*.

Il y aurait lieu, ensuite, d'interroger la grande mutation dont le *Paradoxe* est le signe couramment évoqué, et dont on a pu, à la lumière de l'analyse précédente, retrouver chez François Riccoboni la première opération effective.

Que cette contestation de l'*aisthèsis* survienne dans l'espace théorique du discours sur le théâtre, que l'idée de la *mimésis* s'y délivre en peu de temps de toute référence à une métaphysique de l'expression où se monnayait le syncrétisme des idées des théologies antiques et chrétienne concernant la parole, et que la vérité du *jeu* ne se laisse dévoiler qu'à exhiber l'envers de la *scène*, c'est là une série d'éléments dont il faut se garder d'amoindrir la signification par un renvoi exclusif au champ clôturé du métalangage esthétique, même si, dans un premier temps, l'examen séparé de son architecture notionnelle se révèle indispensable.

Si donc, en suivant cet ordre, on choisit d'interroger la notion de *jeu* au moment même de la rupture, c'est-à-dire au moment où l'*ancien discours* sur l'*aisthèsis* et le *nouveau* se sont effectivement affrontés, s'offre à l'analyse tout l'appareil des règles, définitions ou descriptions produites au sujet de l'activité dramatique en général, au sein duquel elle pourra appréhender les effets proprement intra-discursifs de la rupture elle-même.

La configuration particulière du discours esthétique impose alors d'identifier, dans l'étude des éléments de description de la pratique théâtrale, les relations de caractérisation réciproque qu'entretiennent à ce niveau diverses pratiques artistiques dont la fonction d'éléments de référence pour les énoncés définitionnels ou descriptifs semble être prise elle-même dans une mouvance généralisée : il apparaît en règle dominante que chaque art servant à décrire, par comparaison successive des procédés matériels inclus dans sa pratique, une pratique aussi mixte que celle de la représentation dramatique — et assumant de ce fait par rapport à elle une fonction de *repère* pour sa localisation dans l'ébauche d'un système général des arts —, ne peut lui-même se définir qu'à travers le jeu d'une relation similaire avec les autres arts, et principalement avec ceux qui pourront, en cette occurrence précise, fournir à la description un nouveau fonds d'analogies — l'interaction des modèles n'étant toutefois jamais assez profuse pour empêcher que ne s'y discerne l'opération d'une quelconque prédominance.

Décrire cet effet de caractérisation réciproque revient ainsi à faire apparaître le *réseau* à l'intérieur duquel, d'une manière à peu près constante, chaque *art* — envisagé soit dans l'analyse de ses produits, soit dans la dynamique de son processus créateur — peut servir de modèle ou d'axe de référence pour fixer les contours d'une pratique dérivée ou totalement distincte, laquelle pourra en retour apporter à la théorie de nouveaux éléments de référence, et l'efficace discriminante de ses propres traits distinctifs.

De cette manière, sans aller jusqu'à établir en une systématique achevée ce réseau complexe de métaphores, d'analogies et de rapports qui structure au XVIII⁰ siècle le champ descriptif de la réflexion esthétique, il paraît possible de construire la place qu'y détient la pratique dramatique dans sa généralité, et de rendre compte de sa spécificité comme objet de discours.

Il ne s'agit aucunement de s'attacher à déterminer, comme a pu le faire Etienne Souriau, la pertinence ou la non pertinence de la *traductibilité* qui s'installe entre le *langage* d'un art et le *langage* d'un autre art (1), non plus que de suspecter l'opérateur métaphorique d'une telle conversion généralisée, mais d'observer la façon dont fonctionne, de l'intérieur, un discours esthétique qui peut être tour à tour descriptif, régulateur ou définitionnel, et pour lequel la *métaphore* se trouve être, précisément, l'instrument privilégié. Ce n'est sans doute qu'à suivre ces constructions — *abusives* du point de vue de la rigueur d'une théorie constituée — d'assimilations et d'analogies entre les différentes pratiques, que l'on pourra, au terme d'une analyse du véhicule métaphorique dans le mécanisme complexe des caractérisations, identifier, à l'arrière-plan, l'informulable rêverie théoricienne qui sous-tend cette confrontation systématisante des objets esthétiques.

D'une façon générale, on peut dire que le caractère transpositionnel des éléments descriptifs qui composent au XVIII⁰ siècle la théorie esthétique, s'il sert à corroborer l'idée d'une identité transcendantale des gestes créateurs, décrit simultanément l'irréductible diversité des pratiques matérielles qu'ils mettent en œuvre dans les différentes régions de l'art.

1. PEINTURE

Chez Rémond de Sainte-Albine, la métaphore picturale reste

---

(1) Etienne SOURIAU, *La Correspondance des arts*, Flammarion, *Préface* : « La recherche n'est intéressante qu'à condition de bannir et de s'interdire rigoureusement les vagues métaphores, les analogies confuses qu'on évoque en transposant arbitrairement dans un art le langage de l'autre, en parlant d'une « symphonie en bleu majeur » à propos d'un tableau, ou de la « palette » éclatante ou assourdie d'un poète ».

l'élément premier de la description de la poésie dramatique et de l'art du comédien ; la vieille préséance esthétique de la vision conserve à la peinture son privilège exemplaire. La comparaison, unissant deux *procès*, s'établit entre la diversité ordonnée des sujets du tableau et la diversité ordonnée des parties du discours, mettant le plus souvent en rapport l'ordonnancement de valeurs *chromatiques* et celui de valeurs *émotionnelles*. La distance instaurée en peinture par la *perspective* et le jeu *nuancé* des *tons* se réinscrit sous une forme analogique dans les intervalles ou *degrés* que le poète dispose entre les éléments successifs de sa composition, et plus particulièrement entre les multiples modifications qui y affectent la conduite émotionnelle du discours.

Aussi bien sera-ce dans le parcours habile et insensible de ces *degrés* que devra s'illustrer le talent du *comédien*.

S'installe alors entre le peintre, le poète et le comédien, quelque chose comme la *transitivité d'un principe unificateur :* la perspective comme réorganisation *judiciaire* (Castel) de l'espace se retrouve à deux niveaux successifs et articulés de la chaîne analogique : dans les *gradations* du discours poétique, et en dernier lieu, dans cette intuition des *nuances* qui chez le comédien conditionne l'art de la *transition* entre les différentes tonalités expressives requises par le jeu :

> Il est un coloris propre à la poésie, et qui, quoique fort différent de celui qu'emploie la peinture, est assujetti aux mêmes règles. On exige de l'une et de l'autre la même entente des teintes, le même discernement dans la distribution des clairs et des ombres, le même soin d'observer la dégradation de la lumière, le même talent d'éloigner ou de rapprocher les objets. *Le comédien est peintre ainsi que le poète*, et nous leur demandons comme au peintre, cette ingénieuse théorie des nuances, dont la docte imposture par une détonation insensible conduit nos yeux du premier plan du tableau au plan le plus reculé. De même que le peintre souvent nous fait voir un très grand pays dans un très petit espace, le poète quelquefois dans un très petit nombre de vers prête à ses acteurs une grande multitude d'impressions fort différentes. Mais l'un et l'autre s'appliquent à ne point nous représenter comme voisines les choses, entre lesquelles la nature a mis une extrême distance. Il est du devoir du comédien d'avoir la même attention, et de ménager habilement les passages par lesquels il fait succéder une passion à une passion contraire (2).

Le modèle pictural énonce ainsi une double exigence : celle de restituer techniquement l'impression d'une distance naturelle entre les choses, et ce faisant, d'exclure la possibilité du discontinu, de la *rupture intersticielle*, grâce à la fonction unificatrice de la *nuance*. La diversité se trouve ainsi prise dans l'élément de l'homogène, obéissant en cela à l'un des canons ancestraux de l'esthétique classique — où se déchiffre l'envers métaphysique de toute valorisation dogmatique de la forme — qui recommande de *joindre à l'unité qui contente le regard la diversité qui la captive* (3). Il est

---

(2) *Le Comédien*, pp. 24-25.
(3) Cf. par exemple Fontenelle, *Réflexions sur la poétique*, ch. XXVII-XXVIII, *passim*.

48

du reste caractéristique que la *perspective* ne soit pas ici décrite en termes de mesure et de proportions (c'est-à-dire comme relevant du *dessin* d'une manière spécifique), mais comme mise en œuvre d'un procédé de rapprochement ou d'éloignement qui n'est fonction que de l'augmentation ou de la diminution de la luminosité ou de la *couleur* : la référence au modèle pictural privilégie sensiblement l'activité du *coloriste*, et s'ordonne par-delà le dessin et la perspective comme géométrisations de l'espace et calcul optique de l'illusion, ces artifices relevant d'une architectonique que l'*art*, donnant ainsi la mesure de son achèvement, sera tenu de voiler et en quelque sorte, de recouvrir de *nature*. Développant une idée analogue, Sticotti l'énoncera comme un principe régulateur de toute activité artistique, avant d'en appliquer le dogme au métier de l'acteur :

> *Il vaudrait mieux convenir que le vrai talent est de cacher l'art qui soutient la nature, et qu'il y a bien plus d'art dans les choses, où l'art même paraît le moins. C'est ici que les extrémités se touchent ; l'art porté à son comble devient nature, et la nature négligée ressemble trop souvent à l'affectation* (4).

Ce passage nous retiendra un instant.

Car s'il y est question d'un couple notionnel dont les termes ici *dépassent* le rapport même de *dépassement* mutuel qui les joint dans le traitement le plus ancien de leur problématique — la *nature* dépasse l'art en ce qu'il cherche à l'atteindre comme modèle de son activité et horizon de sa pratique ; l'*art* dépasse la nature en ce qu'il poursuit des effets qu'elle seule ne pourrait produire —, ce dépassement n'aboutit qu'à l'identification effective des deux termes : la nature *en effet* y vient authentifier l'hégémonie de l'art, et ce à la condition que ce dernier *s'achève en s'occultant*. Le discours esthétique vient décrire ici même la *fin* de la *mimésis*. Or si l'on prend en compte le double sens de cette *fin*, un tel discours est à la fois *normatif* et *descriptif*, ou plutôt : c'est une *description* qui fonde la *norme* qu'il formule. Et ce qu'il *décrit* comme *fin* — *télos* ou *achèvement* —, c'est précisément ce qui se trouve être la préoccupation ultime et le geste terminal de l'*artiste*, le *gommage du trait de construction* : ce qui en peinture se réalise grâce à l'*estompe* ou au recouvrement par la *couleur*, qui n'est essentiellement rien d'autre, dans le moment de l'œuvre, que le gommage indéfini d'elle-même.

Ce qui en dernier lieu s'estompe ici, ou plutôt ce qui, pour n'avoir jamais été formulé, se dérobe une fois encore, c'est la *théorie* elle-même, à ne pouvoir excéder le stade d'un enregistrement descriptif — et vague — du geste même qui accomplit le

---

(4) *Garrick ou les acteurs anglais*, pp. 9-10.

prestige du modèle en lui interdisant d'aller jusqu'à produire l'explication du mystère pictural.

Par où l'on arrive à cette première conclusion :

Un discours pratiquant, comme on vient de l'établir, un tel type d'allusion *descriptive/ normative* à la *fin* de la *mimésis*, et valorisant en elle l'*auto-effacement de l'art*, ne fait rien d'autre que révéler par là-même la *vacance* de la *théorie*.

Se référant toujours au modèle pictural comme à l'ineffable mystère de la teinte, ce discours reconduit, à l'intérieur de la grande tradition de l'*ut pictura poesis*, l'ésotérisme esthétique de la pratique qu'il privilégie. En tout lieu où prédominera d'une façon sensible la référence à ce modèle, la *théorie* au sens propre, laissant place à la critique de goût, demeurera absente.

Ceci permet de comprendre qu'une *théorie de la pratique dramatique* ne prend effectivement naissance qu'après que l'hégémonie du modèle a été renversée. Ce qui ne signifie pas à proprement parler un abandon complet de la référence picturale : rompre en effet avec le fond de l'*ut pictura poesis*, ce sera en premier lieu abolir le privilège de la *couleur* pour exhiber en revanche le pouvoir ordonnateur du *dessin*, l'emprise déterminante de sa technicité comme élément principiel de la *mimésis*.

La théorie commencera dès lors que prendra fin, à l'intérieur de la référence picturale elle-même, cet effacement dénégateur du *trait*, au moyen de quoi l'*aisthèsis* classique préservait ses valeurs de secret. Elle commencera chez Diderot, dont l'effort sera de thématiser, au rebours, le jeu des instances productrices de la *mimésis*, comme elle commence déjà chez Riccoboni, lorsque ce dernier écrit, à propos des *Pensées sur la déclamation de son père*, que

> Lire les pensées sur la déclamation avant d'avoir appris l'art de déclamer, c'est vouloir *peindre sans avoir étudié le dessin* (5). (Nous soulignons).

Le privilège spécifique de la *couleur* est bien celui d'une singularité imprescriptible, et pourrait justement s'énoncer comme le *non-lieu de la théorie*. D'une façon très éclairante, Castel, observant la confusion qui naît de l'interférence des modèles, évoque la différence de statut qui réside entre l'activité du *dessinateur* et celle du *coloriste* :

> La chromatique, ou la partie des couleurs, est donc jusqu'ici sans théorie pittoresque, ni mathématique, et sans aucune règle si ce n'est de goût et de génie, ou peut-être d'yeux et d'habitude ; règles vagues, et de littérature, de poésie, d'éloquence, de musique, de danse, de style, de discours, plutôt que de peinture, *bien loin que ce soient comme celles du dessin et de la perspective*, des règles de géométrie ou de mathématique (6). (Nous soulignons).

---

(5) *L'Art du théâtre*, pp. 3-4.
(6) *L'Optique des couleurs*, 1740, pp. 21-22.

Pour Rémond de Sainte-Albine, la disposition des objets dans le tableau s'effectue sur un espace réduit, auquel il appartient à la nuance de restituer la dimension absente, tout en sauvegardant la règle d'or de la plus grande diversité possible dans l'unité. C'est cette fonction d'unification ou d'homogénéisation du divers qui est confiée à la *nuance*, laquelle échappe, dans la singularité de son opération, à toute détermination de mesure, à tout calcul ou à toute *prescription* régulatrice : *immensurable*, la nuance entendue comme *détonation insensible* ne peut se constituer que d'une approximation poursuivie à travers l'augmentation, la diminution ou la fusion progressive des couleurs, ouvrant ainsi un domaine de variations intensives où achoppe la visée quantificatrice de la règle.

Une *théorie chromatique* ne pourrait donc être en définitive qu'une *théorie des nuances*, une théorie des tons *mixtes*, c'est-à-dire en fait une théorie — informulable — de la *mixtion indéfinie* des couleurs, le rêve d'une connaissance de ce qui d'emblée se dérobe dans l'énigme du *mélange*.

Dans une conférence sur l'expression des passions en peinture, Charles Le Brun avait déjà défini le *mixte* (interaction des signes naturels de différentes passions) en termes de *mélange*, installant l'*expression* « aussi bien dans la couleur que dans le dessin » (7).

Reproduisant une conception analogue de la nuance, Hume éclairera son discours philosophique sur les passions d'une allusion constante à la peinture, y gagnant d'ouvrir parallèlement à l'expression des passions et aux mélanges chromatiques un champ de variations indéfinies — ou, dans le langage de Castel, non *appréciables* —, lesquelles s'ordonnant dans la mouvance d'une progression continue, ne se laissent appréhender par aucune opération de mesure, et ne peuvent de ce fait donner prise à l'exercice d'aucune rigueur théorique (8). L'interférence ou la succession des passions composant indéfiniment entre eux les signes naturels, se trouvent mises en rapport avec la *fusion des couleurs*. A l'inverse, par un effet d'atténuation sélective, toute passion *mixte* peut être ramenée à l'une de ses composantes :

> La crainte et l'espérance peuvent naître lorsque le hasard est égal de côté et d'autre, et qu'il n'y a point de raison de préférence ; elles ont même dans cette situation d'autant plus de force que l'esprit ne peut faire fonds sur rien, et qu'il est au comble de l'incertitude. Mettez un degré de probabilité de plus du côté de la tristesse ; vous la verrez immédiatement *se répandre sur tout le mélange*, et lui donner la teinture de la crainte : augmentez cette probabilité ; la tristesse augmen-

---

(7) *Conférence de Monsieur Le Brun, premier peintre du Roy de France, chancelier et directeur de l'Académie de peinture et de sculpture, sur l'expression générale et particulière*, 1698.

(8) Ceci renvoie donc l'apprentissage, d'une manière aisément compréhensible, dans les limites d'une *mimésis* au second degré, qui n'est rien d'autre que l'imitation des modèles classiques. La véritable et la seule initiation, dans ce domaine de l'art, n'est que le soin avec lequel se cultive et se perpétue l'*exemple* de ceux qui se sont le plus approchés de la *belle nature*. Il en sera sensiblement de même dans le domaine théâtral.

tera, et la crainte avec elle : la joie diminuera dans la même proportion ; et à la fin il ne restera que la tristesse toute seule. Alors faites l'opération contraire : diminuez la probabilité qui se trouve du côté de la tristesse : vous verrez peu à peu les nuages s'éclaircir, jusqu'à ce que la passion devienne espérance ; celle-ci se changera en joie par des *nuances imperceptibles*, à mesure que vous augmenterez cette partie de la composition, en augmentant la probabilité. N'est-ce pas une preuve bien claire que l'espérance et la crainte sont des *mélanges de joie et de tristesse* ? N'est-ce pas ainsi que l'on prouve qu'un rayon, rompu dans le prisme, est formé de deux rayons ? Ne le conclut-on pas de ce qu'en diminuant, ou en augmentant la quantité de l'un des deux on trouve une diminution ou une augmentation proportionnelle dans le composé (9) ? (Nous soulignons).

L'effet pictural ne semble donc obéir qu'à la loi du *mélange* : loi qui ne saurait se formuler en corpus d'injonctions exactes, mais qui se laisse indéfiniment découvrir au cœur d'une approche sans cesse réajustée du ton qui se fondra imperceptiblement dans l'ensemble du tableau, jusqu'à ce que la qualité de la nuance révèle enfin, mais pour l'engloutir dans son secret, l'imprescriptible sagesse du dosage.

On comprend sans difficulté, dès lors que cette référence à la pratique du coloriste investit métaphoriquement l'analyse philosophique de la sensibilité, que le discours esthétique sur l'*expression* renforce l'emprise du modèle correspondant, reproduisant ainsi en l'universalisant le schéma d'une *génération chromatique des passions*, et réactivant par là même à un niveau d'ensemble la mention d'impropriété qui devançait jusqu'alors tout essai d'élaboration théorique ajustée à ce champ.

L'effet primordial de cette préséance du modèle pictural (*chromatique*) dans la caractérisation de la plupart des pratiques expressives — celle de la scène y occupant sans doute la plus large place — est donc de situer la *nuance*, élément hautement privilégié de l'*expression*, dans la catégorie de l'*irrégulable*, et de renvoyer *ipso facto* la théorie et la didactique à l'éloge permanent de l'*inspiration* et de l'*enthousiasme* nécessaires à l'artiste *dans le moment de son activité*. En fait, c'est toujours une *sensibilité singulière et ponctuelle* qui, gouvernant l'expression dans l'actualité même de son procès, comblera le déficit de l'injonction formelle, installant sa *mouvance* là où ne peut prendre corps l'invariance de la règle.

2. MUSIQUE

Puisqu'il y a lieu de discerner, au sein même de la polémique dont il est ici question, et comme étant son propre fait, une *rupture* affectant la conception générale de l'attitude de la sensibilité de

(9) HUME, *Dissertation sur les passions*.

l'interprète au théâtre, il paraît logiquement prévisible que cette *rupture*, en tant qu'elle signale un renversement profond dans l'orientation du discours esthétique, devra s'adjoindre, par une sorte de nécessité intra-discursive, une *inversion corrélative dans l'ordre de préséance des modèles*, dont on peut présumer grâce à ce qui précède que la marque la plus nette s'en inscrira dans la description des *nuances*. Dans un premier temps, et d'un point de vue strictement borné à l'analyse du discours, un tel *renversement* n'est peut-être sensible qu'autant qu'il est de part en part compris et ordonné dans une telle *inversion* principielle.

Il n'est, pour s'en convaincre, que d'examiner l'émergence chez Riccoboni d'un concept de la nuance assigné à l'art de la déclamation par une analogie exclusive avec le procédé *musical* de la *modulation* :

> *Modulation* veut dire changement de ton ; *moduler*, c'est passer d'un ton à un autre (10).

Il semble dès lors que la caractérisation de l'activité dramatique — et de la déclamation en particulier — s'écarte brusquement ce que l'on pourrait appeler, en vertu de la non spécificité des termes techniques, communs aux registres pictural et musical (*ton, gamme, intervalle, accord, harmonie*, etc.), la *confusion homonymique* des notions esthétiques, qui entraînait à un niveau d'ensemble l'interférence généralisée des modèles, favorisant la tendance systématisante. Une distinction s'articule très nettement, dès que s'inscrit, face à l'ancien modèle picto-chromatique, le fonctionnement antithétique d'un modèle *musical* qui renverse sa suprématie, révise la conception des qualités sensibles de la nuance, laquelle devient alors *appréciable*, et susceptible à tout moment d'être déterminée sur une échelle *écrite* des valeurs sonores.

Une telle disjonction transforme donc notablement le rapport entre les modèles, introduisant une distinction entre les pratiques selon qu'elles réfèrent ou non à une assise théorique. De là, la spécificité de chaque art ne s'appréhende plus seulement à travers le jeu de caractérisations interagissantes des modèles, mais commence à se conclure du statut et du comportement théoriques du métalangage régulateur où se décrit l'idiosyncrasie de son processus créateur. Une fois admis que, bien qu'il y ait une *gamme* des *couleurs* comme il y a une *gamme* des *tons* musicaux, le *ton* en peinture échappe au paradigme d'une gamme qui serait l'analogue de la gamme musicale, en raison d'une différence irréductible dans la nature des éléments et dans l'ordonnance de leurs possibilités combinatoires, l'attachement à l'un ou l'autre de ces deux modèles engage les discours à choisir définitivement leur orientation : ou bien ils seront conduits, par l'assomption du modèle pictural, à

---

(10) *Lettre de M. Riccoboni*, p. 26.

en reproduire, sur leur prorpe objet, l'indétermination théorique (d'où l'éloge des effets non théorisables de la *sensibilité*, du *sentiment*, des *finesses*, de la *grâce*, du *génie* et surtout de l'*enthousiasme*), endossant par là-même un caractère *conjectural* (11) ; ou bien, se référant au modèle musical, il privilégiera au contraire l'obéissance aux prescriptions de la théorie, la fidélité à une partition fixe, la discipline du texte. Ce dernier choix sera celui de Riccoboni, et plus tard, d'une manière plus complexe, de Diderot.

Le modèle pictural répète l'impossibilité d'une écriture rigoureuse de la règle, et suggère une contradiction entre la peinture et toute régulation préalable de son économie chromatique.

Le modèle musical à l'inverse favorise la prérogative de l'invariance scripturale.

3. ECRITURE

Ce conflit des modèles se réinscrit à l'intérieur d'une autre polémique, dont l'exacte contemporanéité et l'objet lui-même l'identifient comme l'un des éléments travaillant à la coupure que nous cherchons ici à circonscrire.

L'objet, abordé dans le même temps par Condillac au niveau d'une sémiologie génétique (12), en était la possibilité d'une *notation musicale de la déclamation* dans la dramaturgie antique : il s'agissait de savoir si la déclamation avait ou non pu être déterminée par une forme spécifique d'*inscription*, achevant univoquement la constitution d'un *texte* qui eût ainsi comporté, inclus dans sa matérialité, les signes régulateurs de sa propre récitation.

Les réponses apportées à ce problème scindent les discours sur le théâtre en deux attitudes théoriques opposées, où se reconnaît une nouvelle fois l'antagonisme des modèles.

La première attitude, celle où la tradition de l'*ut pictura poesis* se réinvestit sans cesse, consiste à évacuer jusqu'à la possibilité pratique d'une notation musicale des intonations expressives de la voix dans la déclamation, et surtout à proclamer son impropriété esthétique :

> Quand on accorderait que les tons de la déclamation seraient déterminés et qu'ils pourraient être exprimés par des *signes*, ces signes formeraient un dictionnaire si étendu, qu'il exigerait une étude de plusieurs années. La déclamation deviendrait un art plus difficile que la musique des anciens, qui avait 1620 notes (...).
> Enfin, cet art, s'il était possible, ne servirait qu'à former des ac-

(11) Cf. *Le Comédien*, *Préface*, p. 8 : « ... sur les arts, qui puisent leurs principes dans la nature et dans la raison, tout homme sensible et raisonnable a droit de hasarder ses conjectures. »
(12) *Essai sur l'origine des connaissances humaines*, seconde partie, section première, chapitres III, IV, V, VI.

teurs *froids* qui, par leur affectation et une attention servile, *défigu-reraient l'expression* que le *sentiment* seul peut inspirer. Ces notes ne donneraient ni la *finesse*, ni la *délicatesse*, ni la *grâce*, ni la *chaleur* qui font le mérite des acteurs et le plaisir des spectateurs. Cette expression est si peu du ressort de la note, que dans plusieurs morceaux de musique, les compositeurs sont obligés d'*écrire en marge* dans quel caractère ces morceaux doivent être exécutés ; *la parole s'écrit, le chant se note, mais la déclamation expressive de l'âme ne se prescrit point.* Nous n'y sommes conduits que par l'*émotion* qu'excitent en nous les passions qui nous agitent ; les acteurs ne mettent de vérité dans leur jeu qu'autant qu'ils excitent en nous une partie de ces émotions. *Si vis me flere, dolendum est.* (Nous soulignons) (13).

Ce texte de ralliement à la tradition décerne à la déclamation le même privilège qu'elle avait jusque-là réservé à la couleur : imprescriptible, infixable, irrégulable, l'inflexion déclamatoire rejoint le modèle de la nuance chromatique. S'y ébauche une manœuvre de rejet qui conduira jusqu'à récuser aussi bien la possibilité de l'orchestique dans son ensemble que la simple notation de la déclamation, et qui prend tout son sens dès que l'on entreprend de reconstituer les séries d'oppositions latentes qui la conditionnent :

La possibilité d'inscrire des signes analogues aux signes musicaux, ayant pour fonction de régler la hauteur de la voix à partir de leur insertion dans un texte dont ils seraient à la fois le prolongement complémentaire dans la *phonè* et la garantie d'*invariance* expressive, rencontre une dénégation qui la rejette en dehors même de la vraisemblance historique comme évoquant une pratique inconcevable en art, dans laquelle l'inflation matérielle et psychique de la *trace* — surcharge de la mémoire, recrudescence des signes graphiques, élaboration d'un code supplémentaire à déchiffrage complexe — viendrait se substituer à la mouvance singulière du *génie*.

L'irruption d'un tel système de notation musicale, figeant dans une invariance réglée les réitérations du procès expressif, n'est pour lors ressentie, en matière de déclamation, que comme une surcharge mortifiante de signes, dont l'esthétique naturaliste dominante impose de faire l'économie.

L'absence de régulation écrite garantissait en revanche à la peinture un champ de mouvance toujours diversement investi par les combinaisons indéfiniment variables des tons dans les nuances. La musique quant à elle, dont les tons sont fixes, fonde la nécessité du discontinu, du *saut* :

Les anciens musiciens ont établi (...) que la voix de chant passe d'un degré d'élévation ou d'abaissement à un autre degré, c'est-à-dire d'un ton à l'autre, par saut, sans parcourir l'intervalle qui les sépare ; au lieu que celle du discours s'élève et s'abaisse par un mouvement continu (14)...

---

(13) *Sur l'art de partager l'action théâtrale et sur celui de noter la déclamation, qu'on prétend avoir été en usage chez les Romains,* par M. Duclos. *Mémoires de l'Académie des Inscriptions et Belles-Lettres,* tome XXI, 1747.
(14) MARMONTEL, *Encyclopédie,* article *Déclamation.*

Les conclusions de Grimarest (15) ne seront pas différentes. En conséquence, le dogme de l'*ut pictura poesis* sera exporté vers tout domaine d'expression non inclus dans un rapport organique à la musique.

Obéissant comme la peinture à la loi du *continu*, la déclamation rejette l'espacement musical et oppose la *voix de discours* et sa mouvance infixable à la *voix de chant*, qui procède suivant les intervalles harmoniques.

L'assomption de la métaphore picturale, jointe au rejet coextensif de tout dispositif de notation réglant les inflexions de la parole, caractérise ainsi le discours traditionnel sur la fonction expressive en matière de déclamation théâtrale.

Il faut, à ce stade, prendre au pied de la lettre l'idée d'une *défiguration* de l'expression (Duclos) par l'assujettissement à un modèle graphique extérieur ayant la forme et le rôle d'une *partition* : en effet, ce rejet de la notation musicale de la déclamation est contemporain et solidaire de deux autres dénégations de même nature : celle de l'utilisation du *masque* et celle du *partage de l'action* sur le *théâtre antique*. La raison de la solidarité de ces trois procédures de désaveu affectant trois éléments distincts de la dramaturgie antique ne peut être aperçue et comprise qu'en considération de l'*espacement généralisé* qui y réglait l'ordonnance du champ expressif, et auquel l'*aisthèsis* naturaliste dominante se refuse à concéder la moindre vraisemblance.

Tous les éléments expressifs dont la maîtrise était pensée comme essentiellement irrégulable (jeux de physionomie, inflexions de la voix, mouvance du geste) rencontrent sur la scène antique leur fixation orchestrale à l'intérieur d'une *partition* qui opère leur intégration à la *textualité* proprement dite : ainsi, la *dis-location* de la *voix* et du *geste*, conséquence du *partage de l'action* entre un *récitant* et un *mime*, amène l'*éloquence du corps* à suivre la loi du *discontinu*. De son côté, le masque, dépositaire d'une *convention physiognomonique* qui en fait un véritable objet signifiant, rapporte analogiquement sa fonction à celle d'une *scripturalité pro-grammatique* où se déchiffrent les traits caractéristiques du rôle (16).

---

(15) *Traité du récitatif.*
(16) Cf. Tort, *Masque, écriture, doublure*, dans *Poétique* n° 15. (On voudra bien nous pardonner une référence assez longue à ce texte en raison de son articulation avec le présent travail.)

« *Les masques représentaient les caractères des personnages* » écrit Louis Racine. S'interroger sur le sens de cette *re-présentation* conduit à désigner l'opération redoublée et différenciée de la *mimèsis* qui fonctionne du *caractère* au *visage*, et du *visage* au *masque* comme signifiant médiat et fixe du caractère. C'est ici qu'une triple référence à l'aristotélisme s'impose pour expliciter, d'une manière définitive, le sens d'opérations sous-jacentes au discours théorique, et permettant de fixer l'exacte analogie du *masque* et de l'*écriture*.

Si l'on se reporte au commentaire de Camille Baldi sur les *Physiognomica* d'Aristote, le corps y apparaît comme surface signifiante, ou plus exactement comme lieu de l'*inscription prolongée* des marques de la personnalité psychique, donnant prise, comme tel, au déchiffrage physiognomonique.

Notation de la déclamation, partage de l'action et usage du

« Scopus Aristotelis est in hoc libro considerare signa quedam generaliter in corpore humano apparentia, quibus humanae animae inclinationes, dispositionesque probabiliter cognoscendi possunt. »

L'observation du *corps-reflet* et de la fonction indicielle de ses modifications fonde la connaissance physiognomonique comme *lecture* de cette *inscription prolongée, a virtute formatrice*, dans la surface corporelle, du caractère. Le corps — et principalement le *visage* — comme *dépôt* de signification renvoie à l'existence d'un principe intérieur d'identité qui lui correspond comme un *signifié* évoluant régulièrement dans le sens de l'*invétération* toujours plus poussée, de l'accentuation sans cesse continuée de sa propre nature. Le *caractère* serait ainsi ce dont l'identité s'accuse en vieillissant, entraînant dans l'élément de la surface corporelle une invétération corrélative de ses marques, un procès indéfini de fixation de ses signes, un durcissement progressif de ses traits ; cette *inscription prolongée* ne connaît d'autre fixation véritable que celle de la *mort*, où le masque apparaît pour dire l'achèvement de l'inscription dans le silence et la rigidité de l'*écrit*.

Le masque indique ainsi en attente sa place comme celle d'un *tertium quid* qui viendrait occuper dans l'élément de la signification un rang correspondant à celui de l'*écriture* tel qu'il se trouve localisé par Aristote dans le *De Interpretatione*, venant se ranger avec elle dans la catégorie des signifiants secondaires :

	Signifié	Signifiant I	Signifiant II
Physiognomica	caractère	visage	masque
De Interpretatione	pensée	parole	écriture

N'est-ce pas un schéma analogue que l'on retrouve dans la *Poétique* au niveau de l'énumération des composantes de la tragédie, envisagée selon un ordre de causalité naturelle ?

Poétique, 1450 a	caractère		fable
	pensée	action (s)	(assemblage)

La préséance du *télos* renverse cette perspective psycho-génétique et la fable comme totalité organique d'un projet vient prendre, du point de vue de la genèse effective de l'œuvre, la première place. C'est en fonction de la fable comme assemblage d'actions orientées vers le bonheur ou le malheur que s'opère la détermination des caractères, la prescription des types psychologiques, la distribution des masques. L'écriture se trouve ainsi au principe et à la fin, souverainement injonctive envers tout élément participant à la *mimèsis* théâtrale. Le masque est ce qui d'entrée de jeu, porte *inscrit*, au travers et au-delà du caractère, le devenir actantiel du personnage. Le masque tient un discours ; il est à la fois point de départ et d'arrivée d'un discours ; il vaut à la fois comme *annonce scripturale* et comme *effet scriptural* d'une destinée — il est *programme* et *dépôt d'écriture*, signe que tout s'achemine vers l'irrévocable. »

Une seconde analogie, repérable à un autre niveau, permet de confirmer la validité persistante, au XVIIIᵉ siècle, de la correspondance entre le masque et l'écriture : le seul avantage reconnu à l'ancien masque scénique se trouvant être sa fonction supposée d'*amplification* — à la fois acoustique et optique — tout comme le principal avantage concédé à l'écriture est d'être l'élément où le message *amplifie*, en se conservant, sa *portée*, il apparaît que le privilège accordé aux inflexions naturelles de la parole et à la mouvance expressive du visage, ainsi que la commune condamnation du *masque*, de la *notation de la déclamation et du geste*, et du *partage de l'action dramatique* (pratiques qui se rangent, élucidant ainsi la raison de la modalité unique de leur renvoi, dans la catégorie de l'*écriture*) ne font rien d'autre qu'indiquer la *limitation* même de la *portée* du *langage théâtral* : ceci sera clairement rappelé par La Harpe :

« ... parmi nous le spectacle est pour une assemblée choisie ; chez eux (les anciens) le spectacle était pour un peuple. » (*Lycée*, tome I, p. 194, Paris, 1813).

Les signes n'ont plus à franchir la distance requise pour une large diffusion : la portée du langage dramatique est toute aristocratique, et le restera en France jusqu'à l'épanouissement du drame. Le renversement chez Diderot de cette conception du langage théâtral et la révision de la fonction même du théâtre sera de toute évidence le symptôme d'une mutation naissante de l'idéologie sociale.

D'une manière catégorique, Hippolyte Lucas, évoquant la figure de Diderot, écrira :

« Le drame (...) a été dès sa naissance éminemment révolutionnaire et par cela même moral. Il s'adresse effectivement au peuple, et sa destination est manquée toutes les fois qu'il s'écarte d'un généreux enseignement. » (*Histoire philosophique et littéraire du théâtre français depuis son origine jusqu'à nos jours*, p. 287, Paris, 1843).

masque scénique se comportent donc, par rapport aux canons d'une esthétique de la *mouvance*, comme autant d'intrusions *scripturales* substituant l'invariance et l'espacement d'un tracé régulateur à l'expressivité naturelle libérée dans les variations incessantes de la physionomie et de la voix.

Ce détour rend possible l'appréciation exacte du renversement qu'opèrent, dans la conception du *texte* et de la *représentation*, la pensée de Diderot et celle, la devançant, de Riccoboni.

Ce renversement, au sein duquel s'affrontent les modèles pictural et musical, la chromatique et l'harmonie, le *continuum* et l'espacement, déconstruit en réalité un certain privilège de la *parole*. La vieille esthétique, prenant appui sur le thème sans cesse réitéré de l'analogie picturale, tentera indéfiniment de préserver l'intangible singularité de la parole, et continuera ce geste en rejetant la constitution d'une méta-textualité réglant le versant *expressif* de l'interprétation.

Ce refus d'une régulation du niveau expressif prendra fin chez Diderot, en qui la vieille esthétique, à voir s'y déconstruire son économie métaphysique, vient mourir, en même temps que s'y résorbe l'antinomie des modèles et qu'y prend corps non pas seulement, comme chez Riccoboni, le privilège inconsciemment polémique de la référence musicale, mais essentiellement une sorte de référence globale à la *scripturalité* : chaque fois que Diderot, dans le traité *De la poésie dramatique* comme dans le *Paradoxe*, parlera de *tableaux*, ce sera pour répéter la mention de leur successivité à l'intérieur d'une œuvre ordonnée selon un traitement spécifique de la temporalité :

« ... je vous parle d'un ouvrage de l'art, projeté, suivi, qui a ses progrès et sa durée. » (*Paradoxe*, p. 319) Chaque fois qu'il construira une analogie entre le théâtre et la peinture, ce sera, contre la tradition, pour recommander une sorte de *totalisation scripturale* du *geste*, du *ton* et du *sens* :

> Il faut *écrire la pantomime* chaque fois qu'elle fait *tableau* (17).
> ...dans l'écrivain le plus clair, le plus précis, le plus énergique, les mots ne sont et ne peuvent être que des *signes approchés* d'une pensée, d'un sentiment, d'une idée ; *signes dont le mouvement, le geste, le ton, la circonstance donnée, complèteent la valeur* (18). (Nous soulignons).

D'où l'injonction générale à écrire le jeu.

Ce qui était ressenti — et exclu — par l'ancienne esthétique comme supplémentarité dénaturante se conçoit à présent comme un *complément* où s'achève la constitution d'une *totalité textuelle* déniée par le discours traditionnel qui confiait à la parole inspirée du comédien la clôture totalisante et l'ultime parachèvement du sens.

---

(17) *De la poésie dramatique*, p. 270 (éd. Vernière).
(18) *Paradoxe*, p. 304.

On passe ainsi d'un ancien geste de *désinsertion* de la *parole* transcendant son support textuel (conception du comédien *enthousiaste* pour qui le texte n'est que le relais d'un souffle que sa propre sensibilité reprend en charge) au vœu reconnu d'une *réinsertion*, à la faveur d'un texte second et *complémentaire* du premier, de la parole du récitant dans l'espace scriptural de l'œuvre — ce qui revient à soumettre les connotations expressives du jeu à la même règle de mémorisation que celle qui garantit la restitution littérale du texte. Dès que le statut de l'*expression* devient un statut *textuel*, elle cesse, comme il va de soi, d'être le privilège d'une sensibilité singulière ou d'une disposition momentanée de l'interprète : échappant à la mouvance d'une réfraction toujours diverse du sens à travers la sensibilité de l'acteur, l'*expression* s'inscrit dans la clôture du texte, se fixant elle-même comme texte dans la *mémoire* du comédien, et permettant ainsi la réitération invariée du *jeu*. La *partition intérieure* à laquelle se réfère dans son jeu le comédien non enthousiaste de Diderot représente en fait une universalisation de la *tekhnê*, qui vient renverser le primat de l'enthousiasme au profit de celui de la *mémoire*, la plus *mécanique* des facultés.

4. Mécanique

L'hégémonie de la parole enthousiaste dans l'ancien discours décrit en creux une certaine *neutralisation affective* du *texte* — de même exactement que la *couleur*, aux dépens du *dessin*, était décrite comme le domaine de l'*affect* en peinture — et voit sa fonction s'y réduire à celle d'un relais vers une parole *pleine*, où le sens se colore de nuances toujours diverses :

« Un homme qui s'échauffe en déclamant, entre dans une espèce d'*enthousiasme*, et saisi réellement des passions qu'il imite, prononce les mots avec les tons que la nature lui inspire : pour cette raison *il ne prononce pas toujours sur les mêmes tons les mêmes vers, toutes les fois qu'il joue la même pièce, parce qu'il n'est pas toujours également affecté, et que son enthousiasme n'est pas toujours le même.* Ainsi, quoique pour déclamer un rôle il ait pris les leçons d'un habile maître, si dans l'action, le comédien n'est pas rempli d'un *feu* qui lui inspire les tons de la nature, il ne sera qu'un très froid acteur, une *marionnette*, et, pour ainsi dire, *nervis alienis mobile lignum* (19). » (Nous soulignons).

La métaphore de la *marionnette*, dont l'occurrence se remarque souvent aux endroits où l'ancien discours cherche à conforter son

_____

(19) *De la déclamation théâtrale des anciens*, par M. *Racine, Mémoires de l'Académie des Inscriptions et Belles-Lettres*, 9 janvier 1748.

refus esthétique du *comédien-machine*, est en ce point précis hautement significative.

De quelque façon qu'on l'aborde, le théâtre de marionnettes au XVIIIᵉ siècle ramène au centre de l'analyse la question posée par son statut de métaphore. Là encore, une ambiguïté de surface renvoie à une opération plus profonde de rupture et de renversement.

Dans le texte qui vient d'être cité — et qui n'est d'ailleurs qu'une illustration parmi beaucoup d'autres du fonctionnement ordinaire de cette métaphore —, l'*action* de la marionnette s'oppose au jeu du comédien enthousiaste comme l'effet d'une causalité mécanique à celui d'une influence spirituelle.

Or si, interrogeant cette figure de la *marionnette*, on s'attache à reconstruire, dans le discours analysé, la classe de ses analogues fonctionnels — classe où s'inscrivent en premier lieu les termes de *machine* et d'*automate* —, on appréhendera facilement une étrange solution de continuité affectant le cours de sa propre histoire.

En effet, s'il est vrai que la *marionnette*, dont la valeur de *métaphore* se détermine en partie grâce aux substitutions ou aux équivalences qui peuvent jouer entre elle et les autres membres de son paradigme, soit la métaphore technologique la plus couramment usitée pour désigner l'acteur *non enthousiaste*, c'est bien là, nettement marqué, un renversement par rapport à la conception traditionnelle de l'enthousiasme qui, puisant à la source du platonisme, ne pouvait établir sans inconséquence une contradiction entre l'état de l'enthousiaste — *celui de qui l'esprit est absent mais en qui la divinité parle* — et la représentation métaphorique de cet état : la *marionnette*, figure antonomastique de cette *dé-possession* du sujet aboli en tant que tel dans l'instant où il devient le siège d'une autre volonté et l'organe d'un autre discours.

Ce fait semble *a priori* ne pouvoir s'expliquer que difficilement, d'autant que d'une manière générale, la grande figure esthético-métaphysique de l'*enthousiasme* se trouve décrite au XVIIIᵉ siècle par des discours qui sont eux-mêmes platoniciens dans leur substance et dans leur forme, et qui pour la plupart se ressentent d'une référence implicite au *Phèdre* — le discours sur l'enthousiasme devenant lui-même enthousiaste et « poétique », par l'effet, allant de l'objet du discours vers sa forme, d'une contamination qui n'est rien d'autre que la conséquence de la transparence même du sens au *Logos* —, ainsi qu'à l'*Ion* — métaphore de la *pierre d'Héraclée* illustrant la transitivité de l'enthousiasme et son opération d'unification des âmes (20).

_____

(20) La *contamination* spécifique dont s'effectue la description et la *démonstration* même dans le *Phèdre*, où la forme théorique du discours s'estompe sous la prégnance d'une *mimésis* enthousiaste de son objet, est parfaitement décrite par Rémond de Saint-Mard :

« Toutes les fois qu'il (Platon) parle de l'amour, son style en fait l'éloge, et

L'effet d'enthousiasme ainsi caractérisé comme *aimantation*

son imagination échauffée par son cœur en devient une fois plus brillante. Quand il parle de la beauté, vous le croyez plein des transports qu'elle cause : ce ne sont que grands mots, qui, parce qu'ils ont de confus, peignent parfaitement le désordre de l'amour. »

(Discours sur la nature du dialogue, 1740, pp. 10-11).

On insistera sur la dernière phrase, où la mention d'une *mimésis* d'ordre *pictural* se réaffirme.

L'opposition entre *enthousiasme* et *tekhnê* s'inscrit dans le même dialogue en *245 a* :

« ... celui qui, sans le délire des Muses, sera parvenu aux portes de Poésie, avec la conviction que, décidément, une connaissance technique doit suffire à faire de lui un poète, celui-là est, personnellement, un poète imparfait, comme aussi, devant celle des hommes inspirés par un délire, s'efface la poésie de ceux qui ont toute leur tête. »

(Traduction Léon Robin).

Pour la métaphore de la *pierre d'Héraclée*, cf. *Ion, 533 d, e* :

« En fait, il y a que cette faculté, chez toi, de bien parler d'Homère n'est point un art (...) mais une puissance divine qui te met en branle, comme dans le cas de la pierre qui a été appelée « magnétique » par Euripide et qu'on appelle le plus souvent pierre d'Héraclée. Cette pierre en effet ne se borne pas à attirer simplement les anneaux quand ils sont en fer, mais encore elle fait passer dans ces anneaux une puissance qui les rend capables de produire ce même effet que produit la pierre et d'attirer d'autres anneaux ; si bien que parfois il se forme une file, tout à fait longue, d'anneaux suspendus les uns aux autres, alors que c'est de la pierre en question que dépend la puissance qui réside en tous ceux-ci. Or c'est ainsi, également, que la Muse, par elle-même, fait qu'en certains hommes est la Divinité, et que, par l'intermédiaire de ces êtres en qui réside un Dieu, est suspendue à elle une file d'autres gens qu'habita alors la Divinité ! Ce n'est pas, sache-le, par un effet de l'art, mais bien parce qu'un Dieu est en eux et qu'il les possède, que tous les poètes épiques, les bons s'entend, composent tous ces beaux poèmes, et pareillement pour les auteurs de chants lyriques, pour les bons. »

La comparaison s'explicite un peu plus loin (*534 b, c, d, e, 535 a, b*, etc.), et la figure de l'acteur y trouve sa place : l'exigence de sa *participation émotionnelle* s'y représente pour la première fois comme une nécessité *économique* — la sensibilité se *monnaye* au théâtre — et son état enthousiaste semble de plus en plus faire allusion, dans le fil de la métaphore, au dispositif matériel du *théâtre de marionnettes* :

« — Ion : ... effectivement, quand je déclame un passage qui émeut la pitié, mes yeux se remplissent de larmes ; quand c'est l'effroi ou la menace, mes cheveux, de peur, se dressent tout droits, et mon cœur se met à sauter !

— Socrate : Hé ! dis donc, Ion, nous faudra-t-il déclarer qu'il a alors tous ses esprits, cet homme qui, sous la parure de son costume aux riches couleurs et de ses couronnes d'or, au sein des sacrifices et des fêtes, pleure, bien que de ces parures il n'ait rien perdu, ou qui a de l'effroi de tout au milieu de plus de vingt mille personnes qui ne lui veulent aucun mal, alors qu'il n'y en a pas une pour le détrousser, pas une pour lui faire tort ?

— Ion : Non, par Zeus ! ... — Socr. : Mais sais-tu bien que, sur la majorité des spectateurs, ce sont aussi ces mêmes effets que vous réalisez ? — Ion : Si je le sais ? Ah ! je crois bien ! Car, à chaque fois, du haut de l'estrade je les vois pleurer, jeter des regards de menace, être avec moi frappés de stupeur en m'entendant. Je dois en effet, et grandement, faire attention à eux ! C'est que, si c'est eux que je fais pleurer, ce sera à moi de rire quand je recevrai l'argent, tandis que, si je les fais rire, c'est moi qui pleurerai à cause de l'argent que j'aurai perdu !

— Socr. : Mais sais-tu bien que ce spectateur-là est *le dernier des anneaux* dont je disais tout à l'heure qu'ils reçoivent les uns des autres le pouvoir, à eux communiqué par la pierre d'Héraclée ? *L'anneau du milieu, c'est toi, le rhapsode, l'acteur.* Quand au *premier anneau, c'est le poète en personne. Mais, à travers tous ces anneaux, c'est la Divinité qui tire où il lui plaît l'âme des hommes, en les pendant en l'air les uns aux autres* et, ainsi qu'à la pierre en question, *à la Divinité est suspendue une file sans nombre de choreutes, de maîtres, de sous-maîtres de chœur, suspendus obliquement au bord des anneaux qui sont en l'air pendus à la Muse ! De plus, entre les poètes, c'est à telle Muse que l'un est suspendu, un autre à une Muse différente, et, quand on appelle cela « être possédé », on est tout près de cette idée, puisqu'en effet il est « tenu ».* »

spirituelle se range sous la grande détermination ontologique du *Même*, et sous la représentation du *continu* (concaténation, flux), figurant de cette manière l'unicité de sa *source* et le mode de sa *circulation* — ce dernier ouvrant à la notion d'*épidémie* un champ métaphorique qui servira pendant toute l'histoire à le caractériser. Or c'est à ces deux niveaux — celui de l'*enthousiasme* comme contamination singulière par un *Logos* transcendant, et celui, consécutif, où se développe à travers lui un processus en chaîne de contagion transindividuelle — que se jouent la rupture et le renversement dont le symptôme se lit dans l'usage métaphorique particulier, dans le texte de Louis Racine, du terme de *marionnette*.

Un détail de l'histoire d'Angleterre — important quant à son retentissement dans la pensée politique à l'aube du siècle des Lumières — livre les matériaux d'une explication historique pour cette mutation du désigné de la métaphore.

Ceci renvoie aux premières années du XVIIIe siècle, période qui vit à Londres la naissance et le développement d'un courant de *prophétie* qui devait aboutir sur le plan philosophique à la publication des *Lettres sur l'enthousiasme* de Shaftesbury.

Nous retranscrirons pour faire court le récit des événements d'Angleterre tel qu'il se trouve résumé par Lacombe dans la préface de la traduction française de 1761 (21) :

« Bientôt après, l'esprit de prophétie se répandit partout. Londres en était infectée. On cherchait à la cour des moyens pour l'étouffer, ou pour en arrêter les progrès. La plupart des seigneurs et des ministres voulaient punir rigoureusement les petits prophètes qui séduisaient le peuple. Shaftesbury fut le seul qui s'opposa à ces voies de rigueur et de violence. Ses *Lettres sur l'enthousiasme* parurent dans ces temps de trouble et de fermentation ; elles opérèrent plus efficacement que toutes les persécutions, qui, en irritant les esprits, auraient à coup sûr perpétué le mal.

Les marionnettes de la foire contrefirent si bien ces faiseurs de miracles qu'ils n'osèrent plus se montrer ; ils furent couverts à la fois de ridicule et d'opprobre. » (Nous soulignons).

Une telle dévaluation métaphorique ne pouvait pas ne pas influer en retour sur le jeu de la métaphore elle-même, substituant sur cette scène dérisoire, à toute détermination transcendante, la simple extériorité mécanicienne du manipulateur : métaphore réductrice donc, qui chez L. Racine ne renvoie plus qu'à l'*inanimé* (22) (*lignum*), et à la perversion du système logocentrique

---

(21) *Lettres sur l'enthousiasme de milord Shaftesbury, avec sa vie*, traduit de l'anglais par M. Lacombe, Londres, 1761.
(22) Ceci s'harmonise, en revanche, avec le discours platonicien sur l'immortalité de l'âme (*Phèdre, 245 e*) :
« Tout corps, en effet, auquel il appartient d'être mû du dehors, est un corps inanimé, tandis que celui auquel il appartient d'être mû par lui-même et du dedans, est un corps animé. »

(23) de la *mouvance naturelle* (*nervis alienis mobile*). L'hétéronomie spirituelle de l'enthousiaste se voit remplacée et parodiée par une dépendance matérielle espaçant les instances métaphorisées de l'inspiration. La marionnette, métaphore qui semblait destinée à désigner, dans la ligne du platonisme, la situation du véritable enthousiaste, en vient ainsi à désigner son contraire. C'est ce que l'on peut constater chez Racine, pour qui le vrai comédien reste le véritable enthousiaste, *par opposition* au *pantin* que Riccoboni, selon Rémond de Sainte-Albine et la plupart des critiques du moment, se préoccupera de former.

L'âme a horreur de la mécanique. La rupture avec cette idée ne prendra d'effets systématiques que chez Diderot, dénotant alors une compréhension plus réelle du sens et de la fonction *statégiques* de la *figure* du *théâtre de marionnettes*, dans laquelle s'ordonne, selon un certain mode, celle de la théâtralité en général.

On conçoit aisément qu'une telle pratique — qui demeurait, du fait même de son cadre et de l'organisation topologique qu'elle nécessite, essentiellement *théâtrale* — ait pu conduire Diderot à questionner la notion même de *parodie* : mais ce qu'il lui fallut apercevoir par-delà l'efficace immédiate — cessation des croyances et résorption des troubles populaires — de cette *mise en scène parodique* de l'enthousiasme prophétique, ce fut l'opération, impliquée dans la métaphore, d'*auto-désignation en retour de la scène* — scène *théâtrale*, lieu d'une exhibition hyperbolique des mécanismes disjoints de l'illusion, métaphore d'une autre scène par elle dévoilée, où le faux prophète ne pourra plus dès lors autrement paraître, que comme cette marionnette de chair et de sang qu'est l'*acteur*.

Le *masque* tombe, qui était la fausseté du prophète.

Le *masque* reste, qui est la vérité de l'acteur, laquelle requiert de ce dernier qu'il soit à jamais un faux prophète.

Et c'est déjà le *Paradoxe*.

Il semble ainsi fortement vraisemblable que pour Shaftesbury comme plus tard pour Diderot, l'idée de parodie ne se soit pas dissociée de celle d'une fonction que l'on pourrait dire à la fois *cathartique* et *didactique*, et qu'une telle association ait pu engendrer, chez Diderot particulièrement, une vaste réflexion sur la *fonction* (et non plus seulement la *nature*) du spectacle dramatique, réflexion dont on perçoit fort bien le rapport avec la définition ultérieure d'un genre nouveau répondant à l'exigence d'un *élargissement* coextensif du *champ représentatif* et du *public* théâtral :

> Tout peuple a des préjugés à détruire, des vices à poursuivre, des

---

(23) Ce concept derridien a été ici l'objet d'une ré-adéquation théorique dont il faut tenir compte : entre autres choses, ce texte démontre, paradoxalement, que dans le champ esthétique, il s'appliquerait dans la période considérée à caractériser *de la même manière* le privilège esthético-métaphysique de la *peinture*, que celui, ici indissocié, de la *parole*.

ridicules à décrier, et a besoin de spectacles, mais qui lui soient propres. Quel moyen, si le gouvernement en sait user et qu'il soit question de préparer le changement d'une loi ou l'abrogation d'un usage ! (...)

Un inconvénient trop commun, c'est que par une vénération ridicule pour certaines conditions, bientôt ce sont les seules dont on peigne les mœurs, que l'utilité des spectacles se restreint, et que peut-être même ils deviennent un canal par lequel les travers des grands se répandent et passent aux petits (24).

Quoi qu'il en soit, penser aussi nettement l'efficace de la *parodie* sur le mode d'une *catharsis*, équivaut à abolir en tant que tel le privilège hiérarchique dont jouissait la *tragédie* dans la série des genres. Un tel fait, si ténu qu'il paraisse, devrait donner lieu à un examen systématique : enthousiasme et tragédie sont liés dans une même faveur esthético-métaphysique : la déconstruction de l'un ne pourra pas ne pas rejaillir en quelque manière sur la définition de l'autre.

Il demeure que pour le penseur anglais — dont on n'a pas encore dit avec précision quelle fut l'étonnante influence sur Diderot —, cette opération de prophylaxie morale dans le corps politique — constamment soutenue et légitimée dans son discours par une référence comparative à la guérison d'un organisme —, opération qui se ramène à celle d'une *catharsis parodique* à travers l'assomption pleine et entière par la scène de son statut de métaphore, devait nécessairement produire au grand jour, dans un dépouillement grossier de l'artifice, les ressorts de la *mimèsis* comme *productivité*. Le *théâtre de marionnettes*, où se donne à voir la somme figurée des instances constitutives du jeu théâtral, effectue de celles-ci une description où s'accuse métaphoriquement leur *discontinuité* radicale : le rapport de présence et d'influence entre le verbe transcendant et le discours humain qu'il investit, mimé dans le *pathos* enthousiaste des prophètes, se trouve qualifié d'imposture sitôt que la scène découvre un *espacement* au lieu même de l'immédiateté : *dis-location* du geste et de la voix, du mouvement et de sa source, du corps et de l'âme, la marionnette — *nervis alienis mobile lignum* — substitue à l'illusion l'analyse de ses mécanismes producteurs. A travers cet espacement — dans lequel on ne verra, si l'on veut saisir l'intention démonstrative, que pure métaphoricité —, le *théâtre de marionnettes* se comporte comme l'exacte antithèse de la métaphore platonicienne de la pierre d'Héraclée. En effet, le système originaire selon lequel l'inspiré seul, en tant que tel, détenait le pouvoir de transmettre et de propager l'*enthousiasme* à lui communiqué par le Dieu ou la Muse, rencontre là l'image de sa perversion : la *circulation* de l'*enthousiasme* cesse d'être pensée sur le modèle de la *transmission épidémique* d'une valeur garantie par la transcendance, et repose à présent sur un

_____

(24) Diderot, *De la poésie dramatique*, p. 259.

64

jeu d'instances suscitant, à l'intérieur du sujet, un mode *laborieux* de *production de l'effet* combinant à sa base le *calcul* réflexif et la préparation *mécanique*.

Que le *théâtre* revendique comme participant de sa nature ainsi dévoilée toute manifestation apparentée de délire enthousiaste, et se trouvent déracinés simultanément l'effet d'enthousiasme dans le monde et la prétention à l'enthousiasme sur la scène. *La marionnette est le faux prophète, et le vrai comédien :*

« Un grand comédien, écrira Diderot, est un autre *pantin* merveilleux *dont le poète tire* la ficelle, et auquel il *indique à chaque ligne* la véritable forme qu'il doit prendre. » (*Paradoxe*, p. 348. Nous soulignons.)

L'écriture n'est plus seulement le *medium* dont se déprend la *parole* institutrice d'un sens revivifié, mais le lieu de l'investissement pérenne d'un sens *fixe* qui y *diffère*, sur un mode injonctif, la totalité de ses réitérations. C'est dans cette adéquation au *texte* que consistera pour Diderot le travail théâtral, instaurateur d'une *textualité seconde*, aussi invariante, dès qu'inscrite dans l'élément intérieur, que la lettre même de tout poème dramatique. Par là s'entend que le comédien puisse rassembler en lui les caractéristiques de la *marionnette* et de l'*automate*.

Le *paradoxe*, pour la conscience esthétique d'alors, c'est, plus que toute autre chose, ce *devenir-texte de la parole*, cette emprise de la *trace* sur ce qui ne devait être que la *dictée* toujours renouvelée de la *nature* à la sensibilité — paradoxe que l'on sera conduit à replacer dans l'origine, en ce qu'il n'est pas distinct, dans sa substance, de celui qu'a pu être, pour la conscience *linguistique* de la même époque, l'idée d'un *apprentissage des signes naturels* :

« Les gestes de son désespoir sont de mémoire, écrit Diderot à propos de l'acteur, *et ont été préparés devant une glace*. » (*Paradoxe*, p. 312. Nous soulignons.)

L'utilisation du *miroir* dans l'exercice théâtral, encore refusée par Riccoboni au nom du *naturel* (25), s'affirme chez Diderot comme solidaire de la discipline du texte et constitutive du répertoire expressif de l'acteur : l'épreuve du miroir, par où la comparution du double spéculaire s'offre à l'auto-régulation des signes, diffère dans l'actualité d'une saisie mémorielle les réactivations à venir de procès expressifs dont s'acquiert la maîtrise sitôt que le sujet se dédouble dans l'expérience ambiguë du *reflet*.

Se marque ici avec netteté le lieu d'une connexion opérable entre une théorie de l'expression qui privilégie, dans l'*apprentissage*, l'instance du *reflet*, et une théorie génétique du langage et de la

_____

(25) *L'Art du théâtre*, p. 14 : « Au reste, gardez-vous bien, Madame, de déclamer devant un miroir pour étudier vos gestes ; cette méthode est la mère de l'affectation : il faut sentir ses mouvements et les juger sans les voir. »

signification (Condillac, et, avant lui, Géraud de Cordemoy) (26), où le stade *réflexif* de la communication interindividuelle n'existe qu'en fonction de l'antériorité théorique d'un *stade du miroir* où se joue l'*apprentissage* de la *signification* et du *mensonge* : en effet, le concept — condillacien quant à sa première *explicitation* — d'un *apprentissage* nécessaire des *signes naturels*, fait apparaître à sa source la dimension inévitable du renvoi spéculaire, par où s'effectue le passage du signe naturel dans la conventionalité, et se noue la problématique quasi originaire de la *communication* et du *masque*. Car ce qui se découvre au cours de cet apprentissage, c'est bien la possibilité, toujours impliquée dans le jeu différé de la reproduction mémorielle, de la *simulation*, l'inadéquation virtuelle des signes et de l'intériorité, la rupture praticable entre l'extérieur et l'intérieur : les signes peuvent être livrés en l'absence de toute participation authentique de la sensibilité ; ils peuvent être produits indépendamment, voire en sens inverse du substrat émotionnel :

> J'ai reconnu qu'ils (« ces autres corps, qui ressemblent au mien ») savaient *l'art de se contraindre ;* et souvent, après un grand nombre de signes de leur part et de la mienne, qui me faisaient voir qu'ils entendaient ma pensée, et qui me faisaient *croire* que j'entendais la leur, je me suis aperçu qu'ils avaient dessein de me *tromper* (27). (Nous soulignons).

C'est cette espèce de *perversion* quasi originaire du rapport de communication — perversion dérivée d'une conscience *réfléchie* (c'est-à-dire ayant atteint ce qui se définit chez Condillac comme étant, dans l'éveil progressif des facultés, le stade *réflexif*) de la signification comme *pouvoir* — qui est constamment à l'œuvre devant le miroir. Instrument de la première aperception (comme aussi de la première *analyse*, au sens condillacien du terme) de l'émergence des signes naturels à la surface du corps, le reflet spéculaire permet l'expérimentation solitaire d'actes expressifs dont il révèle en même temps l'existence et la portée intersubjectives :

> ... tellement que, si un homme a bien observé ses yeux, son visage et tout l'extérieur de son corps, pendant qu'il a eu certaines passions, il a pu, *voyant les mêmes mouvements dans un autre homme, juger que cet homme* sentait les mêmes passions. Véritablement, si quelque fois *il a su se contraindre en de pareils états*, il peut avoir *appris à se défier de ces signes* (28).

L'apprentissage se trouve donc originairement lié à la perversion : dès que le miroir, réfléchissant l'universalité du langage naturel et donnant l'image du pouvoir-signifier, s'interpose entre

---

(26) Cf. P. TORT, *Dialectique des signes chez Condillac*, in *History of linguistic thought and contemporary linguistics*, Walter de Gruyter Verlag, Berlin-New York, 1975.
(27) Géraud DE CORDEMOY, *Discours physique de la parole*, Bibliothèque du Graphe, p. 14.
(28) *Ibid.*, p. 17.

l'individu et le monde, c'est pour *instaurer* et *pervertir, simultanément, la communication.* Dans la simple appréhension spéculaire des signes, bien loin d'apprendre seulement à reconnaître la structure élémentaire de la signification, le sujet expérimente matriciellement un pouvoir de répétition séparant de tout substrat émotionnel une faculté expressive capable de convertir toute valeur de transparence et de vérité dans l'élément technique de la *mimèsis* : et ce, dès que ce même sujet comprend son *intérêt* à pervertir l'échange communicatif. Bien que rejetant l'usage du miroir dans l'exercice de l'action, Riccoboni cependant en assume entièrement la logique :

> Étonnés d'une si parfaite imitation du vrai, quelques-uns l'ont prise pour la vérité même, et ont cru l'acteur affecté du sentiment qu'il représentait. Ils l'ont accablé d'éloges, que l'acteur méritait, mais qui partaient d'une fausse idée, *et le comédien qui trouvait son avantage à ne la point détruire, les a laissés dans l'erreur en appuyant leur avis.* (29) (Nous soulignons.)

La production des signes se libère ainsi de la présence de tout corrélat pulsionnel, quand l'art ne se dépense que pour l'accréditer.

VERS UNE NOUVELLE ÉCONOMIE DES VALEURS ESTHÉTIQUES

Il y aurait lieu de parler ici, en un sens à peine métaphorique, d'une *économie de la parole*, économie dont les valeurs s'inversent de Rémond de Sainte-Albine à Riccoboni et Diderot, selon un schéma caractéristique : Rémond désigne l'acteur non enthousiaste — celui qui est contraint de compenser le déficit du substrat émotionnel par une recrudescence de signes (« chaleur factice », etc.) — comme un *faux monnayeur, qui nous donne du cuivre pour de l'or* (30).

Parallèlement, toute régulation fixe de l'expression, constamment dénoncée et rejetée par l'ancienne esthétique comme contrainte artificielle et violence dénaturante exercées envers la parole de l'interprète, évoque couramment l'idée d'une *déperdition* quant à la *valeur* de cette parole, valeur pensée en fonction unique de la singularité de celle-ci ; la variance de l'expression constitue la rareté et le prix de cette parole protéiforme animant de ses réitérations toujours diverses le sens assoupi dans l'inertie du texte :

« Ce n'est pas assez que les comédiens *varient leur jeu*, lorsqu'ils jouent des rôles qui se ressemblent. *Il faut qu'ils le varient,*

---

(29) *L'Art du théâtre*, pp. 36-37.
(30) *Le Comédien*, p. 42.

lorsqu'ils jouent le même rôle. Le peu d'attention qu'ils font à cet article, est une des principales causes de notre répugnance à voir plusieurs fois de suite la même pièce. Particulièrement dans la comédie rien n'est plus insupportable que l'habitude constante d'un acteur à employer toujours dans les mêmes instants les mêmes inflexions, les mêmes gestes et les mêmes attitudes. Autant vaudrait-il contempler assidûment dans une montre le retour périodique des mêmes mouvements. Il est des jeux de théâtre annexés à certaines scènes, surtout dans les pièces comiques. On en souffre, et même on en aime la répétition, *mais on ne veut point qu'ils soient toujours répétés de la même manière.*

Les personnes de théâtre ne sont pour l'ordinaire si uniformes, que *parce qu'elles jouent plus de mémoire que de sentiment.* Quand un acteur, qui a du feu, est bien pénétré de sa situation, quand il a le don de se transformer en son personnage, il n'a pas besoin d'étudier pour varier. Quoiqu'obligé, en jouant le même rôle, de paraître le même homme, il trouve le moyen de *paraître toujours nouveau* (31). » (Nous soulignons.)

Cette *singularité* sans cesse reconstruite de l'expression sera délaissée par Diderot au profit de la *régularité* du jeu : abandonnant l'*or* d'une parole toujours singulièrement investie par l'*enthousiasme*, la *valeur* se déplace pour s'attacher à l'*invariance* gouvernant la reproduction de cette parole depuis son inscription au niveau *culminant* de la *textualité* : dans la *mémoire-partition* du comédien. Ce privilège d'invariance, cette valeur *déplacée* — vers un élément moins sujet à la déformation et à l'usure qu'un *or* malléable — reprennent en compte l'analogie profonde de la mémoire et de l'écriture.

La production d'un niveau spécifique — *littéral/ connotatif* — de textualité rompt avec l'exigence traditionnelle du renouvellement, et fonde la pratique dramatique sur une compétence technique dont il reste à formuler les *recettes* — ce qu'a fait Riccoboni — avant d'en produire la *théorie* — ce que fera Diderot.

Il ne peut plus être question, dès lors, de privilégier la référence à la peinture. Par nature, la pratique picturale — dans son statut représentatif classique — mobilisant dans l'actualité de son effort toutes les ressources impondérables de la créativité, perpétue l'idée d'un geste irréductible à un corpus d'injonctions techniques permettant la répétition. A l'inverse, chez Diderot, la parole de l'interprète ne rencontre son identité qu'à suivre le tracé intérieur dont l'évocation s'accompagne inévitablement d'une référence à la *musique* :

« ... les cris de sa douleur sont *notés* dans sa *mémoire*, les gestes de son désespoir ont été préparés. »

« ... Mais quoi ? dira-t-on, ces accents si plaintifs, si doulou-

---

(31) *Le Comédien*, pp. 293-294.

reux, que cette mère arrache du fond de ses entrailles, et dont les miennes sont si violemment secouées, ce n'est pas le *sentiment actuel* qui les produit, ce n'est pas le désespoir qui les inspire ? Nullement ; et la preuve, c'est qu'ils sont *mesurés* ; qu'ils font partie d'un *système de déclamation* ; *que plus bas ou plus aigus de la vingtième partie d'un quart de ton, ils sont faux* ; qu'ils sont soumis à une loi d'unité, qu'ils sont, *comme dans l'harmonie*, préparés et sauvés ; qu'ils ne satisfont à toutes les conditions requises que par une longue étude ; qu'ils concourent à la solution d'un problème proposé ; que pour être poussés juste, ils ont été *répétés* cent fois... (32) » (Nous soulignons.)

La métaphore musicale est ici pleinement assumée, assujettissant la déclamation à une mesure prescrite analogue à l'*harmonie*, dont la régulation mathématique s'oppose, comme on l'a vu, au jeu *intensif* du mélange chromatique en peinture, à propos de quoi Castel, on s'en souvient, mentionnait le déficit de la théorie.

La substitution d'un modèle musical (*harmonique*) à un modèle pictural (*chromatique*) dans la description du jeu théâtral, remplace la singularité indéfinie de la déclamation inspirée par la régularité du texte-partition. Corrélativement, la substitution d'une attention de type musical à l'écoute inspirée déplace le lieu de la maîtrise du sens : d'un effet mythique d'obéissance enthousiaste à la dictée d'une instance dominante — qui peut être tour à tour *transcendance* selon l'imagerie platonicienne, ou bien *nature* modelant le corps comme lieu passif d'inscription momentanée du passager ou de l'accicentel (la « cire molle » de Rémond (33) —, on passe à l'inscription pérenne du sens dans l'élément intérieur — le corps devenant lieu *actif* de la production des signes —, et à une dissociation radicale de la sensibilité et de l'expression : en l'absence de tout *affect*, l'identité du rôle est pensée en termes de répétition, de mémoire, d'accoutumance, et s'avère passible de la contre-épreuve de l'écriture :

« Un musicien habile, qui a conduit pendant plus de quarante ans l'orchestre de la Comédie-Française, nous a dit qu'il avait, à quatre représentations différentes, *noté la déclamation* de Mlle Clairon dans un monologue d'Alzire, et qu'elle avait été *exactement la même* (34). » (Nous soulignons.)

Une telle démonstration, effectuée par une actrice dont Edmond de Goncourt évoquera le talent *moderne, nouveau* et *prescient de l'avenir* (35), de la possibilité d'une restitution parfaite de la

---

(32) *Paradoxe*, p. 312.
(33) *Le Comédien*, p. 32.
(34) Andrieux, *Notice sur Mlle Clairon*, Collection des *Mémoires sur l'art dramatique*.
(35) Edmond DE GONCOURT, *Mademoiselle Clairon*, Paris, 1890, p. 2. Goncourt la décrit encore « abordant les planches, les effets de son jeu et de sa déclamation arrêtés d'avance. »

partition intérieure, confirme avant le temps la vérité du *Paradoxe*.

Les deux textes ici présentés offrent l'intérêt immédiat de réaliser dans leur affrontement polémique l'opération *originale* d'une rupture et d'une transformation dans l'économie du discours esthétique, opération dont il appartiendra à Diderot de réfracter — dialogiquement — les effets théoriques : à se dédoubler, le comédien, comme le philosophe, assure sa prise sur la vérité : *partition* est aussi *partage, scission*, jeu matriciel — car spéculaire — de la différence.

Aussi pourra-t-on, de ce point de vue, et répondant en cela à l'invitation de Diderot lui-même, envisager la lecture de ces deux ouvrages comme une introduction à celle du *Paradoxe*.

BIBLIOGRAPHIE

ARISTOTE : *De l'interprétation*, 16 *a*, trad. J. Tricot, Paris, Vrin, 1969.

BALDI (Camillo) : *In Physiognomica Aristotelis commentarii a Camillo Baldo, ... lucubrati. Opus... Hieronymi Tamburini diligentia et sumptibus nunc primum in lucem editum...* — Bononiae, apud S. Bonomium, 1621.

BOINDIN (Nicolas) : *Discours sur les masques et les habits de théâtre des anciens*, Mémoires de l'Académie des Inscriptions et Belles-Lettres, vol. IV, 1712.

BURETTE (Pierre-Jean) : *Examen du traité de Plutarque sur la musique*, Mémoires de l'Académie des Inscriptions et Belles-Lettres, vol. VIII, 1730.
Analyse du dialogue de Plutarque touchant la musique, ibid.
Remarques sur le dialogue de Plutarque touchant la musique, ibid., vol. X, XIII, XV, XVII.

CASTEL (Le P. Louis-Bertrand) : *L'Optique des couleurs, fondée sur les simples observations et tournée surtout à la pratique de la peinture, de la teinture et des autres arts coloristes, ...* — Paris, Briasson, 1740, in-12, XVIII-487 p.

CHAMFORT (Sébastien-Roch-Nicolas) : Voir LA PORTE.

CLAIRON (Mlle Claire-Josèphe-Hippolyte Leris de La Tude, dite) :
Mémoires d'Hippolyte Clairon, et réflexions sur l'art dramatique, publiés par elle-même. — Paris, F. Buisson, an VII, in-8°, II-360 p.
Mémoires de Mlle Clairon, actrice du Théâtre Français, écrits par elle-même. Nouvelle édition, mise dans un nouvel ordre, et contenant : 1°) Mémoires et faits personnels ;
    2°) Réflexions morales et morceaux détachés ;
    3°) Réflexions sur l'art dramatique et sur la déclamation théâtrale, le tout accompagné de notes contenant des faits curieux et des observations utiles, et précédé d'une notice sur la vie de Mlle Clairon (par Andrieux). — Paris, Ponthieu, 1822, in-8°, LXXX-351 p. (Collection des *Mémoires sur l'art dramatique*).

CONDILLAC (Abbé Etienne Bonnot de) : *Essai sur l'origine des connaissances humaines. Œuvres de Condillac, ...* Paris, imp. de C. Houel, an VI-1798, in-8°, vol. I.
Cours d'études : la *Grammaire*, ibid., vol. V.

CORDEMOY (Géraud de) : *Discours physique de la parole*, Bibliothèque du Graphe, 1970 (réédition séparée).

DAZINCOURT (Joseph-Jean-Baptiste Albouy) : Voir PREVILLE.

DERRIDA (Jacques) : *De la grammatologie*, Paris, Editions de Minuit, 1970.

DIDEROT (Denis) : *Eloge de Térence*.
Entretiens sur le Fils Naturel.
De la poésie dramatique.
Paradoxe sur le comédien.
(Edition Vernière des *Œuvres Esthétiques*, Garnier, 1968).
Paradoxe sur le comédien, manuscrit du Fonds Vandeul, B.N., *n. a. f.* 13.7.
Paradoxe sur le comédien, ouvrage posthume de Diderot. — Paris, A. Sautelet, 1830, in-8°, 101 p.
Paradoxe sur le comédien, précédé d'une préface-causerie par E.-Joseph Lardin et d'une notice sur Diderot, par N. David). — Paris, bureaux de la publication, 1864, in-16, 191 p.
Paradoxe sur le comédien. Edition critique avec introduction, notes, fac-similé, par Ernest Dupuy. — Paris, Société française d'imprimerie et de librairie, 1902, in 4°, XXXIII-178 p., fac-similé.

DUBOS (Abbé Jean-Baptiste) : *Réflexions critiques sur la poésie et la peinture*, Paris, J. Mariette, 1719, 2. vol. in-12.

DUCLOS (Charles Pinot) : *Mémoires sur l'art de partager l'action théâtrale, et sur* celui de noter la déclamation, qu'on prétend avoir été en usage chez les Romains, Mémoires de l'Académie des Inscriptions et Belles-Lettres, vol. XXI, 1742.

DUMESNIL (Marie-Françoise) : *Mémoires de Marie-Françoise Dumesnil, en réponse aux mémoires d'Hippolyte Clairon, suivis d'une lettre du célèbre le Kain et de plusieurs anecdotes curieuses relatives au Théâtre Français* (par Charles Coste d'Arnobat). — Paris, Dentu, an VII, in-8°, 412 p.
Mémoires de Mlle Dumesnil, en réponse aux mémoires d'Hippolyte Clairon, revus, corrigés et augmentés d'une notice sur cette comédienne, par M. Dussault. — Paris, Ponthieu, 1823, in-8°, 379 p. (Collection des *Mémoires sur l'art dramatique*).

FONTENELLE (Bernard Le Boyer de) : *Réflexions sur la poétique*, in *Œuvres de M. de Fontenelle*, ... Nouvelle édition augmentée... — Paris, M. Brunet, 1742, 6 vol. in-12, t. III.

FRAGUIER (Le P. Claude-François) et BURETTE (Pierre-Jean) : *Examen d'un passage de Platon (Lois, liv. VII) sur la musique*, Histoires de l'Académie des Inscriptions et Belles-Lettres, vol. III, 1716.
Recherches sur la vie de Roscius le comédien, par M. l'abbé Fraguier, Mémoires de l'Académie des Inscriptions et Belles-Lettres, vol. IV, 1717.

GONCOURT (Edmond de) : *Mademoiselle Clairon d'après ses correspondances et les rapports de police du temps.* — Paris, G. Charpentier et Cie, 1890, in-8°, 524 p.

GRIMAREST (Jean-Léonor Le Gallois, sieur de) : *Traité du récitatif dans la lecture, dans l'action publique, dans la déclamation et dans le chant, avec un traité des accents, de la quantité et de la ponctuation.* — Paris, J. Le Fèvre, in-12, 237 p.

GRIMM (Friedrich Melchior, baron), DIDEROT (Denis), *Correspondance littéraire, philosophique et critique, adressée à un souverain d'Allemagne, depuis 1770 jusqu'en 1782, par le baron de Grimm et par Diderot* (publiée par J.-B. Salgues). — Paris, F. Buisson, 1812, in-8°.

HANNETAIRE (Jean-Nicolas Servandoni, dit d') : *Observations sur l'art du comédien et sur d'autres objets concernant cette profession en général, avec quelques extraits de différents auteurs et des remarques analogues au même sujet : ouvrage destiné à de jeunes acteurs et actrices, par le sieur D...* 2e édition corrigée et augmentée de beaucoup d'anecdotes théâtrales et de plusieurs observations nouvelles. — (S. l.) aux dépens d'une société typographique, 1774, in-8°, XVI-350 p.

HUME (David) : *Dissertation sur les passions, sur la tragédie, sur la règle du goût.* Traduit de l'anglais de M. David Hume, in *Œuvres* philosophiques de M. D. Hume (traduites par J. B. Merian et J.-B.-R. Robinet). — Amsterdam, J. H. Schneider, 1758-1760, 5 vol. in-8°, t. IV.

LA HARPE (Jean-François de) : *Lycée, ou cours de littérature ancienne et moderne...* Nouvelle édition, revue... et précédée de la vie de l'auteur, par M. L.-S. Auger. — Paris, H. Agasse, 1813, 8 vol. in-12.

LA PORTE (Abbé Joseph de) et CLEMENT (Jean-Marie-Bernard) : *Anecdotes dramatiques.* — Paris, Vve Duchesne, 1775, 3 vol. in-8°.
Dictionnaire dramatique, contenant l'histoire des théâtres, les règles du genre dramatique... (par l'abbé J. de La Porte et S.R.N. Chamfort). — Paris, Lacombe, 1776, 3 vol. in-8°.

LE BRUN (Charles), premier peintre de Louis XIV : *Conférence de M. Le Brun, ... sur l'expression générale et particulière.* — Amsterdam, J.-L. de Lorme ; Paris, E. Picart, 1698, in-8°, II-61 p.

LESSING (Gotthold Ephraim) : *Dramaturgie de Hambourg*, par E. G. Lessing, traduction de M. Ed. de Suckau, revue et annotée par M. L. Crouslé, avec une introduction par M. Alfred Mézières... — Paris, Didier, 1869, in-8°, XLII-473 p.

LIGNE (Charles-Joseph, prince de) : *Lettres à Eugénie.* — Paris, 1774, in-8°, 187 p.
Lettres à Eugénie sur les spectacles, édition critique par G. Charlier. — Paris, E. Champion, 1822, in-16.

LUCAS (Hippolyte) : *Histoire philosophique et littéraire du théâtre français depuis son origine jusqu'à nos jours, par M. Hippolyte Lucas.* — Paris, C. Gosselin, 1843, in-12, IV-131 p.

LUCAS (Le P. Jean) : *Actio oratoris, seu de gestu et voce libri duo, autore Joanne Lucas, ...* — Parisiis, S. Bénard, 1675, in-12, 58 p.

LYCÉE DES ARTS : *Éloge de la citoyenne Dangeville, ancienne artiste du Théâtre Français, fait et prononcé par le citoyen Molé ...*) — Paris, impr. de Le Normand, 1794, in-8°, 16 p.
Éloge de Préville, fait et prononcé à la séance publique du 11 août 1793. — Paris, impr. du Lycée des arts, 1793, in-8°, 18 p.

MARMONTEL (Jean-François) : Article *Déclamation* de l'*Encyclopédie*.

MÉMOIRES POUR L'HISTOIRE DES SCIENCES ET DES BEAUX-ARTS (Journal de Trévoux), Février et Octobre 1750, Février 1749.

MERCURE DE FRANCE, Novembre 1747, Mars 1750.

MOLE (François-René) : *Jugements sur Lekain, par Molé, Linguet, ... ou supplément aux Mémoires de ce grand acteur, suivi d'une notice de Linguet sur Garrik (sic)*. — Paris, Colnet (s. d.), in-8°, 74 p.
Mémoires de Molé, précédés d'une notice sur cet acteur, par M. Etienne. (Dans le même volume, *Le Comédien* de Rémond de Sainte-Albine.). — Paris, E. Leroux, 1825, in-8°, LXIV-335 p. (Collection des *Mémoires sur l'art dramatique*).

MONGEZ (Antoine) : *Mémoire sur les masques des anciens*, Histoires de la Nouvelle Académie des Inscriptions et Belles-Lettres, vol. I, 1808.
Supplément au Mémoire sur les masques des anciens, par M. Mongez, ibid., vol. VII, 1819.
Mémoire sur les harangues attribuées par les écrivains anciens aux orateurs, sur les masques antiques, et sur les moyens que l'on a cru avoir été employés par les acteurs chez les anciens pour se faire entendre de tous les spectateurs, par M. Mongez, Classe de Littérature et Beaux-Arts, vol. V, 1801.

NAVARRE (Octave) : *Dionysos, étude sur l'organisation matérielle du théâtre athénien*. — Paris, C. Klincksieck, 1895, in-16, VXII-30 p.
Le théâtre grec, l'édifice, l'organisation matérielle, les représentations... — Paris, Payot, 1925, in-16, 280p.

OBSERVATIONS SUR LA LITTÉRATURE MODERNE, Février 1750.

PLATON : *Ion, Phèdre, Lois*, traduction Léon Robin, N. R. F., 1950.

PREVILLE (Pierre-Louis Dubus, dit) : *Mémoires de Préville et de Dazincourt (par Henri-Alexis Cahaisse) revus, corrigés et augmentés d'une notice sur ces deux comédiens, par M. Ourry*. — Paris, Baudouin, 1823, in-8°, 384 p. (Collection des *Mémoires sur l'art dramatique*).

RACINE (LOUIS) : *De la déclamation théâtrale des anciens, par M. Racine*, Mémoires de l'Académie des Inscriptions et Belles-Lettres, vol. XXI, 1748.

RAYNAL (Abbé Guillaume Thomas-François) : *Nouvelles littéraires*, année 1747, édition Tourneux, vol. I, 1877.

REMOND DE SAINT-MARD (Toussaint de) : *Discours sur la nature du dialogue*.
Poétique prise dans ses sources. Œuvres de M. Rémond de Saint-Mard... — Amsterdam, P. Mortier, 5 vol. in-12, t. I et IV, 1749-1750.

REMOND DE SAINTE-ALBINE (Pierre) : *Le Comédien, ouvrage divisé en deux parties, par M. Rémond de Sainte-Albine*. — Paris, Desaint et Saillant, Vincent Fils, 1747, in-8°, 317 p.
1749. — Paris, Vincent Fils, in-8°, 317 p.
1825. Voir MOLE, *Mémoires*.

RICCOBONI (Antoine François) : *L'Art du théâtre, à Madame ***, par François Riccoboni*. — Paris, C.-F. Simon et Giffart Fils, 1750, in-8°, p. IV-102

RICCOBONI (Luigi), *Pensées sur la déclamation, par Louis Riccoboni*. — Paris, Briasson, 1738, in-8°, IV-47 p.

SHAFTESBURY (Anthony Cooper, lord Ashley, 3e comte de) : *Lettres sur l'enthousiasme de Milord Shaftesbury, avec sa vie, traduites de l'anglais par M. Lacombe*. — Londres, 1761, in 8°, XXXII-111 p.
Essai sur l'usage de la raillerie et de l'enjouement dans les conversations qui roulent sur les matières les plus importantes, traduit de l'anglais par J. Van Essen. — La Haye, H. Scheurleer, 1710, in-12, XII-176 p.

SOURIAU (Etienne) : *La correspondance des arts*. — Paris, Flammarion, 1969.

STICOTTI (Antonio-Fabio) : *Garrick, ou les acteurs anglais, ouvrage contenant des observations sur l'art dramatique, sur l'art de la représentation, et le jeu des acteurs ; avec des notes historiques et critiques, et des anecdotes sur les différents théâtres de Londres et de Paris*. — Paris, 1769, in-8°.
2e édition, Paris, 1770, in-8°.

TORT (Patrick) : *Masque, écriture, doublure*, in *Poétique* n° 15, Paris, Editions du Seuil, 1973.
Dialectique des signes chez Condillac, in *History of linguistic thought and contemporary linguistics*, Berlin-New York, Walter de Gruyter Verlag, 1975.

VATRY (Abbé) : *Dissertation sur la récitation des tragédies anciennes, par M. l'abbé Vatry*, Mémoires de l'Académie des Inscriptions et Belles-Lettres, vol. VIII, 1729.

ADDITION

Ainsi que nous l'avons signalé dans la Préface, M. Jacques Chouillet a publié en 1970, dans la revue Dix-huitième siècle, un article intitulé «Une source anglaise du Paradoxe sur le comédien», dont il nous semble nécessaire de donner ici le précis, tout au moins en ce qui concerne le problème posé par la naissance de la brochure de Sticotti, «Garrick ou les acteurs anglais».

Cette brochure, comme nous l'avons dit, est porteuse de la mention «traduit de l'anglais», mention toujours suspecte, et qui l'est d'autant plus en l'occurrence qu'elle ajoutait à l'effet d'«anonymat» de cette publication un effet d'«importation» tout à fait propre à faire deviner, au rebours, la proximité relative de sa source.

Jacques Chouillet rappelle à ce propos qu'en 1911, F.A. Hedgcock, dans sa thèse de doctorat présentée à la Faculté des Lettres de Paris («David Garrick et ses amis français»), déclarait que le livre de Sticotti était une adaptation de «The Actor or a treatise on the art of playing» (Londres, 1755, par Dr. John Hill ?), ouvrage qui n'était qu'une adaptation —et non une franche traduction— du «Comédien» de Rémond de Sainte-Albine. Un maillon anglais aurait donc relié «Le Comédien» à la brochure de Sticotti. Or il s'agit, écrit J. Chouillet, d'une erreur d'attribution : «The Actor» n'est pas de John Hill, mais de Aaron Hill, auteur dramatique, et sa première version remonte à 1750.

Aaron Hill, poursuit J. Chouillet, était «un des représentants les plus qualifiés de la «domestic tragedy» et, à ce titre, un de ceux qui ont le plus directement contribué à la formation du système dramatique de Diderot». En outre, il était l'auteur d'un poème didactique, «The Art of Acting» (Londres, 1746), dans lequel il aurait construit une sorte de théorie de la génération intérieure des passions par la mécanique musculaire et nerveuse de la mimique externe :

«A l'opposé de l'opinion traditionnelle, selon laquelle chaque passion se marque par l'expression du visage, il suppose que c'est la physionomie qui forme les passions : «The face forms passions (Part. IV). L'idée s'imprime dans le regard, et le regard, à son tour, modifie les muscles par innervation (ibid.).» Ce sensualisme de Hill l'amène à donner à la sensibilité périphérique —Diderot dira plus tard : le «diaphragme»— un rôle prépondérant dans l'expression du comédien : Ce que nous appelons communément l'«air», n'est pas

74

autre chose que le pur effet d'un mécanisme des fibres nerveuses » (ibid.). Ainsi l'art dramatique tout entier est fait d'émotions mécaniquement créées, puis transmises au spectateur par le jeu naturel des sympathies : «...the mov'd Actor moves ― and Passion shakes.» (Conclusion).»

Le terme de «sensualisme» fait ici l'objet d'un usage qui nous semble à la fois trop précoce et assez inadéquat par rapport à un texte qui s'inscrit à la confluence d'une tradition cartésienne et d'une physiologie commençante ―disons hallerienne―, produisant ainsi des effets de relative ambiguïté au niveau de son appréhension, et qui était de toute façon antérieur de huit ans au «Traité des sensations» de Condillac. En aucun cas ce texte ne peut être présenté comme une «préfiguration» des thèses de Diderot sur l'insensibilité de l'acteur, et il ne semble pas d'ailleurs que telle ait été l'intention de J. Chouillet. Car il n'y a pas contradiction entre le fait qu'il est question, dans le poème de Hill, d'une excitation «mécanique» des passions, parfaitement harmonisable avec le cartésianisme, et une théorie classique de l'expression dramatique des passions reposant sur le primat de l'émotion ressentie. Il suffit de se reporter au Traité des «Passions de l'âme» pour comprendre comment d'une part celles-ci «sont si proches et si intérieures à notre âme qu'il est impossible qu'elle les sente sans qu'elles soient véritablement telles qu'elle les sent» (art. 26), et d'autre part «comment l'âme peut imaginer, être attentive, et mouvoir le corps» (art. 43). Il n'y a donc pas, avec Hill, de rupture dans la théorie classique de la fonction expressive au théâtre. Il faudra attendre que s'opposent effectivement, ainsi que nous l'avons fait voir, une théorie classique de l'inspiration enthousiaste ou même, comme chez Hill, une théorie de l'excitation mécanique des signes naturels des passions qui reste subordonnée au primat de l'émotion actuellement ressentie, et une théorie ―qui n'adviendra qu'avec Riccoboni et surtout Diderot― de l'«exercitation mécanique» et de l'apprentissage à froid dans la recherche et la production, hors de tout substrat participationnel, des effets expressifs. Hill ne peut assumer la rupture, car, bien que la participation émotionnelle de l'acteur soit chez lui le fruit d'une concentration de l'attention et donc d'une activation volontaire des ressources psychiques et psychomotrices (ce qui représente un progrès appréciable par rapport à la pure passivité de l'enthousiasme traditionnel), l'émotion ressentie — créée, et non plus seulement reçue — reste, ainsi qu'en témoigne son texte en de multiples endroits, la condition première de l'expression. Ainsi, lorsque Hill écrit que «l'idée s'imprime dans le regard», il ne fait que renchérir sur le thème classique de l'expressivité privilégiée des yeux dans la traduction des passions, thème que l'on retrouve chez la plupart des auteurs dans la figure fortement emblématique de Roscius, «dont les yeux brillaient au travers de son masque». D'où l'on peut comprendre que Hill ait rencontré le texte de Rémond sans qu'il y ait eu entre eux de débat contradictoire sur la psychologie du comédien.

Quoi qu'il en soit, sur un plan de stricte érudition, J. Chouillet a raison de mentionner ce relais anglais vraisemblablement ignoré de Diderot. La falsification de Sticotti n'en apparaît dès lors que plus complexe et plus dissimulée. On peut toutefois supposer que Sticotti, mauvais traducteur et piètre improvisateur, était fort capable, en même temps, de traduire littéralement certains idiotismes du texte anglais, et de recourir par ailleurs au texte de Rémond pour y puiser des exemples empruntés à la scène française, ou même parfois de simples tournures de pensée ou de style. Ceci ne pourrait être établi avec vraisemblance qu'au prix d'une étude soigneusement comparative du «Comédien», de «The Actor» et de «Garrick ou les acteurs anglais», étude qui, si elle ne se proposait que cet objectif, risquerait de ne satisfaire, plutôt qu'à l'intelligence des transformations réelles du discours esthétique, qu'à un appétit souvent sans objet pour les conjectures érudites.

TABLE DES MATIERES

SOCIÉTÉ D'HISTOIRE DU THÉATRE

Président : Jean-Louis Barrault

Cette société a pour but l'étude et la publication de documents inédits, contribuant à nourrir et à guider la création théâtrale dans ce qu'elle a de plus authentique et de plus conforme aux aspirations actuelles.

Elle publie la **Revue d'Histoire du Théâtre.** Cette revue, In-8° - 96 p. minimum - Illustrations in-texte et hors texte, parait quatre fois par an. Outre des études originales et des documents inédits sur le théâtre français et étranger, des comptes rendus de livres et de revues concernant les arts et métiers du théâtre, le dernier numéro de l'année est entièrement consacré à la Bibliographie Internationale des Arts du Spectacle.

L'Adhésion à la Société donne droit :

— Au service régulier de la Revue.

— A l'usage de sa Bibliothèque et de son Centre de Documentation et d'Information.

Cotisation annuelle : France : 90.00 F - Etranger : 100.00 F

Cette cotisation doit être adressée à : Monsieur le Trésorier de la Société d'Histoire du Théâtre 98, Boulevard Keilermann - 75013 PARIS - Tél. 5884555 - C.C.P. PARIS 1699 87 ou chèque bancaire.
Une liste des numéros spéciaux sera envoyée sur demande.

NUMEROS SPECIAUX DE LA REVUE D'HISTOIRE DU THEATRE

Jacques Copeau et le Théâtre du Vieux-Colombier (N%1.1950) — Charles Dullin (N%2. 1950) — Jean de Rotrou (N%3.1950) — Balzac (N%4.1950) — Louis Jouvet (N%1-2. 1952. Réimp.) — Gogol (N%3.1952) — Les marionnettes (N%4.1952) — Gaston Baty (N%1-2.1953) — Le théâtre en Suède (N%2-3.1956) — Ibsen (N%1-2.1957. Réimp.) — Jacques Rouche (N%3.1958. Réimp.) — Rachel (N%4.1958. Réimp.) — Du mythe platonicien aux fêtes de la Renaissance (N%2.1959. Réimp.) — Le théâtre des variétés étrangères (N%3.1960. Réimp.) — Albert Camus, homme de théâtre (N%4.1960) — Le théâtre à Clermont-Ferrand aux 17ème et 18ème siècles (N%2.1961) — Molière (N%1.1962) — Michel de Ghelderode (N%2.1962. Réimp.) — Stanislavski (N%4.1962. Réimp.) — Le merveilleux et les arts du spectacle (N%1.1963) — L'influence de la musique et de la danse sur la mise en scène théâtrale et l'art du comédien du 18ème siècle à nos jours (N%3.1963) — Naissance et développement des théâtres nationaux (N%2.1964. Réimp.) — Léon Moussinac - Sylvain Itkine (N%3.1964. Réimp.) — Shakespeare (2 numéros : N%4.1964. Réimp. et 1.1965. Réimp.) — Comédiens, musiciens et opéras à Avignon au 17ème siècle (N%3.1965) — Le théâtre à Lorient au 18ème siècle (N%1.1966) — Le théâtre en Tchécoslovaquie (N%2.1967) — Le happening, analyse psycho-sociologique (N%1.1968) — Léon Chancerel (N%2.1968) — Paul Claudel (2 numéros : N%3.1968 et 1.1969) — Carlotta Zambelli (N%3.1969) — Histoire du théâtre en Hongrie (N%1.1970) — Les deux Bérénice - documents inédits sur l'Hôtel de

Bourgogne (N%2.1970) — Les fêtes de cour en Savoie - Sade - Marivaux (N%3.1970) — Les Bibiena - l'Hôtel de Bourgogne (N%1.1971) — Théâtre noir américain - études diverses (N%2.1971) — Le théâtre dada existe-t-il ? (N%3.1971) — Personnages et structures dramatiques (2 numéros : N%2.1972 et 3.1972) — Molière (supplément à cent ans de recherches sur Molière) (N%4.1972) — Le registre d'Hubert, 1672-1673 (Edition fac-similé) (N%1.1973) — Etude critique du «registre d'Hubert» (N%2.1973) — Actes des journées internationales Molière (Unesco 1973) (2 numéros : N%1.1974 et 2.1974) — Molière devant les idées reçues (Nice 1973) (N%3.1974) — Le théâtre en Afrique de l'ouest (N%1.1975) — Fictions dramatiques (XIVème au XVIIème siècle) (N%2.1977) — Lettres d'un maître de ballet : correspondance d'Arthur St Léon (N%3.1977) — Strindberg à Paris (N%3.1978) — Petite scène - théâtre arlequin - micropéra (X. de Courville) (N%2.1979).

BIBLIOGRAPHIE INTERNATIONALE DES ARTS DU SPECTACLE (Numéros 3. 1967, 4.1968, 4.1969, 4.1970, 4.1971, 4.1973, 4.1974, 4.1975, 4.1976, 4.1977, 4. 1978, 4.1979).

Joseph FLOCH. Maître-Imprimeur à Mayenne – 13 - 5 -1980 n° 7151